LE

VOYAGEUR

FRANCOIS.

LE VOYAGEUR FRANÇOIS, OU LA CONNOISSANCE DE L'ANCIEN ET DU NOUVEAU MONDE.

VOYAGE EN FRANCE,

Mis au jour par Monsieur D***.

TOME XXX.

Prix 3 liv. relié.

À PARIS,

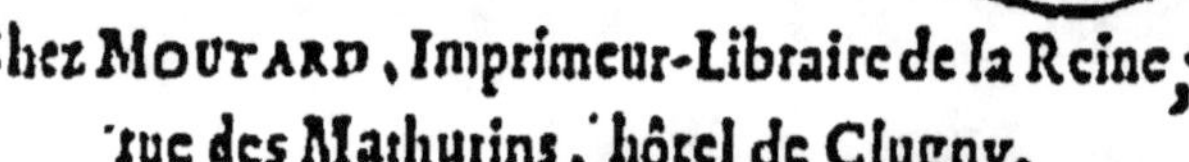

Chez MOUTARD, Imprimeur-Libraire de la Reine, rue des Mathurins, hôtel de Clugny.

M. DCC. LXXXVIII.

Avec Approbation, & Privilege du Roi.

LE VOYAGEUR FRANÇOIS.

LETTRE CCCLXXXII.

Suite de la Provence.

En sortant du diocèse d'Arles, je suis entré, Madame, dans le diocèse d'Aix, qui y confine du côté de l'orient. Cette derniere ville est la capitale de la Provence, quoiqu'on doive convenir qu'elle n'en est pas, à certains égards, la plus remarquable. Elle fut fondée l'an 631 de Rome, cent vingt-trois ans avant la naissance de Notre-Seigneur. C'est la premiere ville que les romains aient eue dans les Gaules.

Les *Salyes*, dont le pays étoit divisé en dix cantons, occupoient au moins tout ce qui forme le diocèse d'Aix. Ils furent presque continuellement en guerre avec les marseillois, qui n'étant pas assez forts pour leur résister, s'allierent avec les romains. Ceux-ci vinrent à leur secours, commandés par le proconsul *Sextius Calvinus*. Ce général battit complettement les salyes, & posa son camp dans l'endroit même où il venoit d'être vainqueur. Les soldats y construisirent d'abord des cabanes de bois, bâtirent ensuite des maisons, & formerent enfin une ville qui fut nommée en latin, *Aquæ Sextiæ*, du nom de son fondateur, & à cause des eaux thermales qui s'y trouvoient.

César envoya à Aix une colonie, qui se rendit considérable parmi celles que les romains avoient en Provence. Lors de la décadence de l'Empire, cette ville passa sous la domination des visigoths, & ensuite sous celle des rois de France. Le huitieme siecle la vit entierement ruinée par les sarrasins. Mais rétablie quelque tems après, elle devint le séjour ordinaire des comtes de Provence, avant qu'ils eussent conquis le royaume de Naples, & dans la suite, lorsqu'ils se trouvoient en-deçà des monts.

Le premier qui s'y fixa, fut Alphonse II, après son mariage avec l'héritiere du comté de Forcalquier. Il aima la poésie, l'encouragea, la cultiva même, & chanta ses amours. Sa cour, composée de seigneurs aimables & généreux, étoit l'asyle des talens. On y faisoit l'accueil le plus flatteur aux troubadours, qui y étoient comblés de bienfaits, ainsi que chez le seigneur de Blacas, & chez Guillaume *le Bon*, seigneur de Baux. Celle du fils d'Alphonse, Raymond Berenger IV, & de Béatrix de Savoie, sa femme, fut encore plus brillante. Cette princesse, dont les troubadours ont tant vanté l'esprit & les graces, avoit amené de Savoie plusieurs dames d'un nom illustre, célébrées pour leur sagesse & leur beauté. Ce fut dans ces circonstances que se répandit parmi la noblesse, avec l'amour de la poésie, cette galanterie qui, suivant l'expression des troubadours, *animoit les chevaliers à la gloire, & les dames à la vertu.*

La ville d'Aix est située près de la petite riviere nommée l'*Arc*, à six lieues de la mer & à trois de la Durance, dans une plaine assez agréable, & au bas de plusieurs collines fertiles en huile excellente, en vins & en fruits. Le climat en est très-chaud. Elle contient environ vingt-deux mille habitans. On y entre par huit portes différentes, dont aucune n'offre rien qui mérite une attention particulière. C'est, dit on, une des villes du royaume les mieux bâties; & je n'aurois pas de peine à le croire. Les rues en général sont bien percées & bien pavées : c'est dommage qu'on n'ait pas soin d'en entretenir la propreté. Celles du quartier d'Orbitelle, le plus beau de la ville, sont tirées au cordeau.

On voit dans l'enceinte & dans les environs d'Aix plusieurs restes de monumens antiques; les ruines du palais de Sextius; celles d'un aqueduc bâti l'an *696* de Rome, qui se prolongeoit jusqu'à Meyrargues, à deux lieues & demie d'Aix, & dont on trouve encore des traces à différentes distances de la ville; une rotonde de huit colonnes, dont six sont de marbre vert, & deux de granit d'Egypte, au milieu desquelles étoit un autel à quatre faces, chargé de bas-reliefs. Cette rotonde enveloppe aujourd'hui les fonts baptismaux de l'église cathédrale.

A l'une des extrémités du fauxbourg des Cordeliers, séparé de la ville par une grande place, sont des eaux minérales qui ont donné leur nom à Aix. On les découvrit en 1704. Ce fut en démolissant une maison qui menaçoit ruine, qu'on trouva des restes de chapiteaux, de corniches & d'autres monumens antiques. Cette découverte excita la curiosité des ouvriers : ils fouillerent & trouverent enfin sous ces précieux décombres une source d'eau chaude, qui sortit de terre à gros bouillons. Les antiquaires penserent d'abord que c'étoit véritablement l'endroit où étoient les bains de Sextius. Ils n'en douterent plus, lorsqu'ils virent les médailles, les inscriptions & les autres monumens antiques qu'on y trouva. L'année suivante, on en tira une pierre d'environ trois pieds de longueur, sur dix-huit pouces de largeur. On voit sur cette pierre un autel, au-dessus duquel est le symbole du dieu des jardins ; & sur cette figure sont les trois lettres I. H. C., dont on donna aussi-tôt plusieurs explications différentes. Les deux qui parurent les plus justes & les plus naturelles, sont celles-ci : *In hortorum custodiam*, pour la garde de ces jardins : *Jucundo hortorum custodi*, au joyeux gardien de ces jardins.

Ce monument découvert nous autorise peut-être à croire que les anciens faisoient usage de ces eaux dans les maladies de l'uretre. Mais on prétend que du temps même d'Auguste, elles avoient déja perdu presque toute leur vertu par le mélange des eaux douces, ou par quelqu'autre cause qui nous est inconnue. Elles sont très-claires & aussi légeres que l'eau de pluie, n'ont aucune odeur ni saveur, & ne sont point extrêmement chaudes. La ville a fait élever à ses frais de grands & beaux édifices pour la commodité des personnes qui veulent boire de ces eaux ou prendre des bains.

Au-dehors de la ville, on voit des restes d'un ancien temple, & à une plus grande distance, sur l'une des rives de l'Arc, les ruines d'une pyramide triomphale, élevée en l'honneur de Marius. Ce fut dans cette plaine que ce général romain, environ vingt-un ans après l'exploit de Sextius, défit les teutons & les ambrons, & leur tua, comme je l'ai déjà dit, deux cent mille hommes. Il ne faut donc pas croire que les historiens anciens aient parlé par exagération, lorsqu'ils ont dit que les eaux de la riviere d'Arc furent rougies du sang des morts, & leur cours supendu par les cadavres amoncelés. Les femmes de ces barbares se signalerent par une valeur féroce dans cet horrible carnage. Aussi-tôt qu'elles virent leurs époux prendre la fuite, elles se jetterent sur eux, les frapperent avec les premieres armes qui leur étoient tombées sous la main, pour les forcer à retourner au combat, se précipiterent dans la mêlée, écumantes de rage, arrachant aux ennemis leurs épées nues, portant & recevant des coups avec une intrepidité comparable à celle des plus braves romains. S. Jérome rapporte dans ses lettres, au sujet de ces femmes, un trait de courage qu'on ne peut s'empêcher d'admirer, mais qu'on n'admire qu'en frémissant. Trois cents se trouvoient au nombre des prisonniers avec leurs enfans. Elles étoient destinées à servir les caprices & à orner le char de triomphe du vainqueur. Incapables de supporter cette honte, elles supplient Marius de les donner à Cérès ou à Vénus, pour remplir dans leurs temples les fonctions d'esclaves. Le général romain rejette leur demande. Leur résolution est aussi-tôt prise & exécutée la nuit suivante. Elles massacrerent leurs enfans, & s'étranglerent de leurs propres mains.

Il y a dans la ville d'Aix une belle promenade, qu'on appelle le *Cours*, & qui a deux cent vingt cannes de longueur sur vingt de largeur (1). Il est planté de quatre rangs d'arbres,

(1) La canne est une mesure du pays, composée de huit pans; & le pan de neuf pouces ou environ; par conséquent la canne est une mesure à-peu-près pareille à la toise.

& bordé des deux côtés de belles maisons, dont quelques-unes sont décorées. Le milieu est orné de quatre fontaines qui ne tarissent point. Les eaux de l'une d'entr'elles sont tiédes & minérales, parce qu'elles communiquent avec la même source qui en fournissoit aux bains anciens, dont j'ai fait mention. A l'une des extrémités de ce cours, on voit en face une maison bâtie avec goût. L'autre est découverte, & forme une espece de terrasse, d'où la vue s'étend sur une campagne des plus agréables.

La place des freres prêcheurs ou dominicains mérite aussi d'être remarquée. Elle est sur le penchant d'une colline, entourée d'arbres & de maisons fort hautes & bâties de pierre de taille. Le palais où se rend la justice, est à l'extrémité de cette place. C'est un édifice, non moins vaste que beau, & distribué en plusieurs appartemens, où s'assemblent les corps & les compagnies qui sont en si grand nombre dans cette ville. Le rez-de chaussée est occupé d'un côté, par la chambre-cour-des-comptes; de l'autre, par le sénéchal, qui est le juge ordinaire & civil de la ville & de son district, ou *viguerie*. Le parlement tient ses séances au premier étage du bâtiment. La grand-salle que le peuple appelle, la *salle des pas perdus*, est la plus grande piece en ce genre qui soit dans toute la province. Au fond est une petite chapelle, ornée de quelques vieilles peintures. La salle d'audience est décorée des portraits de tous les rois de France, placés à une certaine hauteur dans des compartimens carrés. Ceux des trois derniers rois, représentés à cheval & aussi grands que le naturel, sont détachés des autres. Les salamandres qu'on distingue sur le haut des sieges des conseillers, & presque sur toutes les anciennes portes du palais, prouvent que cet édifice à été bâti ou du moins embelli par François I. On sait que la salamandre étoit le symbole que ce monarque avoit adopté.

Il est fâcheux que l'hôtel-de-ville soit caché par les maisons d'une rue étroite, dans laquelle il se trouve placé. C'est un assez bel édifice, de forme carrée, bâti de pierres de taille.

Au-dessus de la porte, est un assez beau balcon, soutenu par quatre grosses colonnes d'ordre dorique. Sur les côtés, on voit la statue de Charles d'Anjou, dernier comte de Provence, & celle de Louis XI, qui fit commencer cet édifice: au-dessus, est le buste de Louis XIV, sous le regne duquel il fut entierement achevé. La façade est ornée de trois rangs de pilastres & de fenêtres. Les ordres d'architecture des deux premiers rangs sont le dorique & l'ionique. Le troisieme a des especes de cariatides: ce sont des colonnes qui ont la figure de femmes vêtues de longues robes. Dans l'intérieur est une grande cour, autour de laquelle il y a pareillement trois rangs de fenêtres & de pilastres, l'un sur l'autre, dont les ordres d'architecture sont le toscan, le dorique & l'ionique, terminés par une grande corniche, qui regne au-dessus du bâtiment. Il y a dans cet hôtel-de-ville une assez riche bibliotheque qui est ouverte au public.

Le siege de l'église d'Aix est fort ancien. La tradition reçue dans le pays en fait même remonter l'établissement jusqu'aux premiers jours du christianisme. On prétend que cette église a eu pour premier évêque *S. Maximin*, l'un des soixante-douze disciples de Jésus-Christ, qui aborda, dit on, à Marseille l'an 36 de l'ere chrétienne, dans une barque sans voiles & sans rames, où il avoit été exposé par les Juifs avec sainte Magdeleine, sainte Marthe & saint Lazare. Le successeur de ce saint personnage fut, suivant la même tradition, *saint Sidoine*, qu'on dit aussi avoir été un des disciples, & même l'aveugle-né à qui notre Seigneur rendit la vue. Quoi qu'il en soit de cette tradition qui a été combattue par des raisonnemens fort solides, les historiens de l'église d'Aix conviennent qu'après ce second évêque, il y a dans la liste des autres une lacune de trois cents ans.

Vers la fin du quatrieme siecle, il y eut un évêque nommé *Triphérius*, qui embrassa l'arianisme. On ne trouve rien de remarquable dans ses successeurs, dont on a une suite jusqu'à l'invasion de la Provence par les Sarrasins. Ici la chronologie des évêques est interrompue, & ne recommence que vers le milieu du neuvieme siecle. Robert qui occupoit ce siege en 878, reçut le pallium du pape Jean VIII, & assista la même année à l'assemblée où Boson I fut couronné roi d'Arles. En 1276, un de ces prélats nommé *Vice-Domini*, recommandable par son savoir & sa piété, qui avoit été créé cardinal & légat dans la Romagne par le pape Grégoire X, son oncle, fut élu pour remplacer Adrien V sur le trône pontifical : mais il mourut un jour ou deux après son élection, ou du moins après en avoir reçu la nouvelle. Il avoit été marié avant d'entrer dans le sacerdoce, & laissa des enfans.

La plûpart de ses successeurs se distinguerent par les talens & les vertus de leur état. Il faut en excepter Jean de *Saint-Chamon*, ou selon quelques-uns, de *Saint-Roman*, qui étoit pasteur de l'église d'Aix dans le cours du seizieme siecle. Après avoir invectivé en chaire contre le pape & l'église catholique, il se déclara publiquement calviniste & quitta l'habit eccléſiaſtique. Quelques chanoines de ſa cathédrale, qui l'imiterent dans cet écart ſi ſcandaleux, pillerent, de concert avec lui, les tréſors & les reliquaires de l'égliſe. Mais l'archevêque apoſtat fut déposé ; & le chapitre, ſoutenu par le pape & le cardinal de Lorraine, gouverna le diocèſe, & y maintint la vraie religion.

L'archevêque d'Aix n'a que cinq ſuffragans ; quatre dans la Provence, qui ſont les évêques de Fréjus, de Riés, d'Apt, & de Siſteron, & celui de Gap en Dauphiné. Quatre-vingt-quatre paroiſſes forment le dioceſe de cette ville. Il y a une chambre ſouveraine eccléſiaſtique : c'eſt une des ſept qui furent établies par Henri III en 1580. Toute la Provence, la principauté d'Orange & le diocèſe de Gap ſont compris dans l'étendue de ſa juriſdiction. Elle juge en dernier reſſort & ſans appel tous les différends qui concernent les décimes & ſubventions du clergé des diocèſes qui ſe trouvent dans ſon département.

La plus ancienne égliſe d'Aix n'eſt

pas la cathédrale. C'est celle de notre dame *de la Seds*, ainsi nommée par corruption des mots latin *sedes episcopalis*, siege de l'évêque. Elle l'a été en effet, & l'étoit encore, il y a moins de huit cents ans. Le chapitre l'abandonna dans le temps des guerres qui troubloient cette contrée, pour aller s'établir dans l'endroit de la ville le plus peuplé. Elle fut ensuite cédée aux peres minimes. Ce qu'on y voit de plus remarquable, est une image de la Vierge, copiée sur celle qui est à Rome dans l'église de sainte Marie majeure.

Il y a des beautés à remarquer dans la cathédrale, dédiée à la transfiguration de notre Seigneur. Je ne parle point de son architecture gothique, des petites figures de prophêtes, d'apôtres & de saints, dont le frontispice est chargé; elles sont de mauvais goût. Mais la porte principale est d'un beau bois rouge, sculpté en bas reliefs, représentant des fleurs & des figures très-bien exécutées. On l'estime, & elle mérite d'être estimée pour un ouvrage de cette nature. Aussi on a eu soin de la couvrir d'une contre-porte : elle n'est découverte qu'à certaines fêtes de l'année.

A l'entrée de l'église, sont les fonts baptismaux, qui consistent en une grande cuve d'un seul morceau, d'une pierre rare & enrichie de reliefs. Ils sont placés sous un dôme soutenu des huit colonnes dont j'ai parlé un peu plus haut. Elles forment un octogone, dans les faces duquel on a pratiqué sept autels, qui ont quelques ornemens, où les artistes n'ont pas trop bien observé le costume. Il y a dans cette église une chapelle de notre dame *de l'Espérance*, qui, en tout temps, y attire un grand concours de peuple. La vierge y est représentée tenant d'une main les clés des huit portes de la ville.

Je ferai mention ici d'une autre petite chapelle voutée très-ancienne qui est dans la nef. L'entrée en est, dit-on, interdite aux femmes. Tous les ans, le jour de la transfiguration, le chapitre y fait l'office & on n'emploie à la messe que du vin muscat nouveau.

Derrière le maître-autel on remarque un crucifiement, où sont diverses figures de bois très-bien exécutées. A côté de cet autel, est le tombeau de Charles d'Anjou, dernier comte de Provence, & titulaire de Sicile, mort en 1481. La figure de ce prince, de grandeur naturelle & couchée à plat, est en marbre blanc; avec beaucoup de bas-reliefs & des titres très-longs & très-brillants, mais qui, dans sa personne, étoient presque tous réduits à des prétentions. De l'autre côté & vis-à-vis de ce tombeau, est celui d'Hubert de la Garde, seigneur de Vins, un des meilleurs capitaines du seizieme siecle, qui fut tué en 1589 au siege de la ville de Grasse. La province lui fit élever ce mausolée dont le marbre fut tiré de la maison du prévôt de l'église cathédrale de Marseille, où l'on croit qu'il avoit autrefois servi à décorer un temple de Diane. Cette maison de Vins est éteinte depuis quelques années.

Le trésor de la sacristie de cette église renferme quelques morceaux curieux. On y montre le gril sur lequel fut rôti saint Laurent; la châpe de saint Louis, évêque de Toulouse, qui est de couleur bleue & semée de fleurs-de-lis d'or; une statue d'argent de la Vierge, de hauteur naturelle, & une rose d'or donnée, il y a plus de cinq cents ans, par le pape Innocent IV à Raimond Berenger, comte de Provence. Cette rose est une de celles que les papes ont coutume de bénir le quatrieme dimanche de carême, & dont ils font présent aux princes ou princesses qui ont rendu quelque service important à la religion.

Les églises & les chapelles qui méritent, par elles-mêmes ou par les choses qu'elles renferment, l'attention des curieux & des connoisseurs, ne sont pas en petit nombre dans cette ville. Celle de saint Jean, qui est de l'ordre de Malthe, est trop remarquable par son architecture, pour que j'omette ici la description qu'on en a faite. C'est un édifice considérable, dont le frontispice est flanqué de deux tours, qui ont chacune sept fenêtres à lucarnes. Entre ces deux tours, est un portail gothique avec tous les ornemens qui accompagnent cette bisarre architecture. Un grand fronton orné de fleurons, couronne tout le frontispice. Au-dessus, on voit une fenêtre ronde, garnie de vitres, large de deux toises de diametre, & ornée d'enlacemens gothiques. Un grand balcon, de deux toises de long, regne au-dessus du vitrage. Le cadran de l'horloge est au-dessus dans le vuide du timpan. Vingt-deux pyramides terminent les arc-boutans de l'église. Une troisieme tour les flanque du côté du presbytere. Les trois frontons qui forment la croix de l'église, sont ornés de vieilles décorations d'une sculpture ancienne & mesquine. Le clocher a trente-huit toises de hauteur, depuis le pied jusqu'au sommet : on le voit de l'étang de Berre, qui est à cinq lieues d'Aix. Il est à trois étages, dont le dernier est flanqué de quatre pyramides à jour & de quatre frontons. Sur les faces du milieu de ces huit pieces d'architecture, s'éleve la flêche du clocher. La pointe de cette flêche est octogone & ornée de fleurons gothiques à tous les angles : elle est percée de huit fenêtres. Tout cet édifice est terminé par un globe chargé d'une croix.

On voit dans cette église le tombeau d'Alphonse II, comte de Provence. A droite est la statue de son fils Raymond-Berenger IV, debout & de grandeur naturelle : ce prince tient d'une main son bouclier, & de l'autre la rose d'or. A gauche est la statue de Beatrix de Savoie, femme de Berenger : elle est aussi debout, la couronne sur la tête, & revêtue de ses habits de cérémonie. Ils accorderent tous les trois une protection éclairée aux lettres ; & leur mémoire est encore chere aux Provençaux. Il y a dans la sacristie de cette église deux grands calices, qu'on dit avoir appartenu aux templiers, & qu'on conserve précieusement : ils sont très larges & faits en forme de ces grandes coupes dont on faisoit usage dans les anciens banquets.

Les peres de l'Oratoire ont à Aix une maison d'*institution*, dont l'église est belle. Le maître-autel a trois faces qui occupent le fond,

& s'élevent même jusqu'à la voûte. Il est tout de bois sur-doré & décoré de colonnes, figures, frontons & autres ornemens. Plusieurs tableaux de Mignard embellissent cette église. Celui qui est dans la chapelle des Grimaldi, est le plus estimé, non pour la vivacité du coloris, mais pour la beauté & la vérité des carnations. Dans la chapelle de la cour de cette maison, il y a plusieurs beaux tableaux de Daret, célebre peintre d'Aix.

Non loin de cette église, est la chapelle des Pénitens bleus, où les dorures & les peintures n'ont pas été épargnées. Dans celle des Pénitents blancs, il y a un bas-relief de marbre, qui représente Notre-Dame de pitié, & qu'on croit être un des ouvrages de Michel-Ange. Mais ce qu'il y a de plus beau dans cette chapelle, est le plafond, où l'on voit un riche tableau, représentant la résurrection. C'est un des meilleurs ouvrages de Daret.

L'église des religieuses de la visitation n'est remarquable que par l'autel qui est d'un très-beau marbre, que

Laure-Martinozzi, duchesse de Modene, fit venir d'Italie à grands frais; & celle des religieuses dominicaines ou de *saint Barthelemi*, par le tombeau de Charles II, dit *le boiteux*, roi des deux Siciles & comte de Provence. Ce prince mourut près de Naples en 1309. Mais en 1312, son corps fut, suivant ses intentions, transporté dans ce couvent qu'il avoit fondé. Il est conservé, dit-on, dans un cercueil de bois de cyprès, avec son sceptre de fer.

Un couvent qui seroit très-beau, s'il étoit achevé, est celui des dominicains, qu'on appelle à Aix les *prêcheurs*. Il est vaste, aussi bien que l'église, où est en dépôt, dans l'épaisseur de la muraille, à gauche, le corps de Jeanne de Laval, seconde femme du roi René, comte de Provence. Cette princesse mourut dix-huit ans aprés lui, en 1498, sans avoir jamais eu d'enfans. Elle avoit ordonné par son testament qu'on lui élevât un tombeau dans cette église. Mais ses dernieres volontés n'ont pas encore été exécutées. La bibliotheque de ces moines est placée dans l'endroit le plus élevé du couvent. C'est de là que la vue se porte sur une campagne verdoyante plus de la moitié de l'année, & bornée par des collines toutes couvertes d'oliviers & de vignobles. La plaine & les vallées, diversifiées de prairies & de guerets, sont entrecoupées de ruisseaux & de torrents, que de gros arbres ombragent des deux côtés. C'est un des plus beaux points de vue de la ville d'Aix.

Les jésuites ont ici une église assez grande & bien bâtie. Mais la chapelle de la Congrégation qu'ils dirigent, est infiniment ornée. Il y a deux fort beaux tableaux de Puget, l'un représentant l'annonciation, & l'autre la visitation. (1)

Dans l'église des carmes déchaussés sont trois tableaux de Daret. J'ai remarqué sur-tout celui de saint Jérôme; j'en ai admiré le dessein & le coloris. Mais je n'ai pu m'empêcher de rire en voyant ce saint ana-

---

(1) Nous ignorons la disposition qu'on a faite de ces ornemens, lors de la suppression de cette société.

chorete revêtu de la pourpre romaine, & la tête couverte d'un chapeau de cardinal des plus à la mode.

Je ne vous parlerai de l'église des carmes que pour vous dire qu'on y voit un vieux tableau qui n'est pas fort estimé, & auquel on ne fait quelque attention, que parce qu'il a été peint de la propre main du bon roi René.

Les monumens de cette espece ne décorent point l'église des récollets, dont la façade termine le cours qui est hors de la porte saint Louis. Tout ce que j'ai vu avec plaisir dans leur jardin, c'est une grotte de coquillages ; où l'on a pratiqué quatre cavernes faites de congélations assez curieuses. Le maréchal de l'Hôpital a été un des grands bienfaiteurs de cette maison : aussi ses armes y sont étalées en plusieurs endroits.

Vous croyez peut-être, madame, que ce sont là toutes les églises & maisons religieuses d'Aix, où l'on voit quelque chose de remarquable. Non ; il y en a encore une autre dont je dois vous parler : c'est celle des capucins, qui est aussi dans le

sauxbourg.

fauxbourg. J'y fus à l'heure où ces bons religieux prenoient leur récréation dans le cloître. Aussi-tôt qu'ils m'eurent apperçu, l'un d'entr'eux vint au-devant de moi, & me dit en m'abordant : vous me paroissez étranger. La curiosité d'un voyageur ne trouve point dans nos maisons de quoi se satisfaire ; elles n'offrent rien que de simple & de commun. Vous ne verrez dans celle-ci qu'un morceau précieux & célebre, non par la beauté de l'ouvrage, mais par la maniere dont il a été conservé. Il me conduisit à l'église, & me fit voir dans une chapelle un crucifix de bois, & de trois pieds ou environ de hauteur. Vous ignorez sans doute, me dit il, l'histoire de ce crucifix. La voici.

Louis de Nogaret, duc d'Epernon, ayant été nommé gouverneur de Provence, la ville d'Aix, qui étoit alors dans le parti de la ligue, ne voulut point le reconnoître. Le duc l'assiégea en 1589, & se campa sur une hauteur qui commande ce couvent, contre lequel il fit tirer quelques volées de canon, parce qu'il étoit gardé par plusieurs compagnies de la garnison de la ville. L'église étant en face de la batterie, un boulet du poids d'environ trente livres entra par ce vitrau qui est au-dessus de la porte, & donna contre le bras gauche du crucifix, qui étoit alors élevé sur la balustrade du sanctuaire. Le boulet se brisa en pieces, sans abattre & sans endommager en aucune façon ce crucifix, ne laissant au bras gauche que ces légeres traces de noirceur que vous voyez. On l'a mis depuis dans cette chapelle, en suspendant à son bras ce panier où sont les pieces du boulet. Je ne sçais, poursuivit-il, si l'on peut raisonnablement élever des doutes sur ce fait. Ce qu'il y a de vrai, c'est qu'il fut attesté par la déposition de deux ecclésiastiques qui signerent le procès-verbal qu'on dressa à ce sujet, & que nous gardons précieusement dans nos archives. Si vous avez lu la *vie de M. de Lautrec par Brantome*, vous devez vous rappeller qu'il y est dit que « ce général, » faisant le siége de Naples, fit tirer » plusieurs volées de canon le pre» mier jour de mai, & qu'un cru-

» cifix qui étoit dans l'église de
» Notre-Dame des Carmes, voyant
» venir une canonade droit à lui,
» pour lui emporter la tête, la baissa
» bas, de sorte qu'il n'eut aucun
» mal, & que la balle passa par-
» dessus ».

J'eus une conversation de quelques heures avec ce capucin, dont je fus enchanté. Il me parut joindre à une dévotion éclairée, franche & vraie, un caractere doux & enjoué, mais avec décence, un esprit très-cultivé, & même le ton de la bonne compagnie. L'histoire de ce crucifix nous fit insensiblement remonter aux temps antérieurs à cet événement; & vous jugez bien, madame, qu'il fut question de l'ignorance & des mœurs de nos aïeux, de leur dévotion superstitieuse, de ces pieuses farces qu'ils représentoient : ce qui nous amena tout naturellement à la procession de la Fête-Dieu, qu'on fait tous les ans à Aix, & dont les principales cérémonies ont été instituées par le bon roi René. Ne pouvant voir cette procession, dis-je, à mon aimable religieux, je desirerois bien en savoir quelques détails. Il ne me seroit guere possible, me répondit-il, de vous les faire de mémoire avec exactitude. Mais je me rappelle qu'avant de venir à Aix, que je n'habite que depuis quelques années, je fus curieux de les extraire d'un auteur, dont j'oubliai de mettre le nom en marge, & qui m'est échappé. Je vous en remettrai une copie avant votre départ de cette ville. Il me tint parole. La voici, madame, écrite de sa propre main. Mais je ne vous l'envoie pas tant pour vous faire connoître cette procession si singuliere, que pour vous donner une idée des mœurs & de l'esprit du siecle où elle a été établie. C'est dans le milieu du quinzieme.

Nos bons aïeux, bien moins éclairés que nous, & plus vertueux peut-être, étoient avides de spectacles. Mais ils étoient trop superstitieux, pour mettre sur la scene les actions des héros de la fable, ou des grands hommes de l'antiquité. Il falloit un aliment à leur dévotion : aussi prenoient ils leurs sujets dans l'écriture sainte : c'est ce qu'on vit dans tout Paris sous le regne de Charles VII.

On donnoit une farce de cette espece au peuple d'Aix, le jour de la Fête-Dieu. Le roi Réné voulut, en quelque maniere, l'ennoblir; & dans cette idée, il en fit un spectacle allégorique, où étoit représenté le triomphe de la religion chrétienne sur l'idolâtrie & l'hérésie. Il lui donna toute la ville pour lieu de la scene, & trois jours pour amuser le public. Ce spectacle commence le jour de la Trinité : c'est une espece de répétition qu'on fait, afin que tout soit dans un état convenable pour paroître le jour de la Fête-Dieu. De là vient qu'on dit : *lou jour de la Trinita lei diables s'assajoun*, c'est-à-dire, *le jour de la Trinité les diables s'essayent*. Voici la marche de cette procession.

Le premier personnage qui paroît, est un roi vêtu d'une espece de casaque courte, cramoisie, avec des ornemens jaunes & la couronne sur la tête. Une douzaine de diables qui l'entourent, le harcelent avec de longues fourches. Il se défend comme il peut avec son sceptre, sautant tantôt d'un côté, tantôt d'un autre, & finit son jeu par un grand saut. C'est ce qu'on appelle *le grand jeu des diables.* (*lou grand juec deis diables.*)

Le petit jeu des diables, (*lou pichoun juec deis diables*) autrement dit l'*armetto*, où la petite ame, vient immédiatement après. Cette *armetto* est représentée par un enfant en corset blanc : il a les bras & les jambes nues, & porte une croix de bois d'environ cinq pieds de haut. Quand on fait le jeu, il appuie la croix à terre, en la tenant de la main gauche. Un ange habillé de blanc, ayant des ailes, l'auréole en tête, & un coussin sur le dos, tient aussi la croix de son côté. Il y a auprès d'eux quatre diables, portant un corset & de longues culottes noires, où sont peintes des flammes rouges : leur têtiere est également noire & rouge, hérissée de cornes. Trois de ces diables poursuivent la petite ame, & le quatrieme, acharné contre l'ange, lui donne de grands coups de massue sur le coussin. L'ange & l'*armetto* sautent comme pour fuir; mais au troisieme coup le jeu est fini, & l'ange saute de joie d'avoir sauvé la petite ame.

(Suivant quelques-uns, dans ce premier jeu, sont représentés les dangers de la royauté en général, sous la figure d'un prince, qui est obsédé par une troupe de démons. Dans le second les dangers de l'homme, qui ne se sauve que par le secours de la croix & de son bon ange. Suivant d'autres, dans le premier jeu, c'est Adam chassé du paradis terrestre, sous la forme d'un roi, parce qu'il étoit le roi des animaux : dans le second, c'est l'homme attaqué par le démon, après la chûte de notre premier pére, & n'ayant de ressource pour se sauver que dans la croix & dans l'assistance de son ange).

L'adoration du veau d'or est représentée dans la troisieme scene. Moyse accompagné du grand-prêtre, montre aux juifs les tables de la loi. Un des juifs porte le veau d'or au bout d'un bâton : les autres tournent autour de lui; & en passant devant Moyse & le grand-prêtre, ils font avec la main un signe de mépris, en criant : *ou ho ou ! ou ho ou*. Le peuple appelle cette ſcene, *le jeu du chat* (*lou juec d'aou cat*) ; parce qu'au milieu du jeu, un des juifs, jette auſſi haut qu'il peut, un chat enveloppé dans de la toile, & qu'aſſez ordinairement il ne laiſſe pas tomber par terre.

Paroît enſuite la reine de Saba qui va voir Salomon. Elle eſt accompagnée d'un danſeur leſtement habillé, ayant beaucoup de petits grelots à ſes jarretieres, & tenant de la main droite une épée, au bout de laquelle eſt un petit château de carton. Ses trois ſuivantes, ou dames d'atours, portent chacune une coupe d'argent à la main. Cette reine, ſes deux mains ſur les côtés, s'agite noblement ſans ſortir de ſa place, en ſuivant la cadence d'un air compoſé par le roi René. Le danſeur fait trois tours devant elle, & baiſſe l'épée pour la ſaluer. Après le troiſieme ſalut, les trois dames d'atours danſent enſemble.

Les rois mages ne tardent pas à paroître, ayant chacun leur page, & portant un habit de diverſes couleurs, avec une têtiere en forme de couronne royale : celle des pages est en pain de sucre. Ils sont précédés par un homme vêtu d'une robe blanche, qui porte l'étoile au bout d'un long bâton. Celui-ci se tournant de leur côté, la fait aller deux ou trois fois à droite & à gauche ; & les rois, ainsi que leurs pages, suivent le même mouvement. Un de ces pages salue ensuite l'étoile, en lui tournant le dos, & en faisant un mouvement qu'on appelle en provençal, *lou reguigneou*. Ce jeu s'appelle *la belle étoile*, (*la bello estello*).

Leis tirassans, ou les enfans qui se trainent par terre, suivent immédiatement. Le massacre des innocens, ordonné par le roi Hérode, est représenté dans ce jeu. Un enseigne, un tambour & un fusilier forment le cortege de ce prince. Sept ou huit enfans vêtus d'une chemise de toile rouge, courent autour de lui, en poussant des cris : le soldat tire un coup de fusil ; ils tombent, & se roulent par terre, d'où leur est venu le nom de *tirassouns*.

On voit ensuite divers personnages qui, dans l'origine, devoient former des scenes à part. Tels sont le vieillard Siméon, représenté en grand-prêtre, donnant la bénédiction, & portant un panier d'œufs (c'est le mystere de la purification) : saint Jean, le précurseur, sous la forme d'un enfant, couvert d'une peau de mouton : Judas, à la tête des apôtres, tenant dans la main une bourse où sont les trente deniers : Jésus-Christ allant au calvaire, vêtu d'une robe longue, avec une ceinture de corde, & courbé sous le poids de la croix : saint Christophe portant le sauveur du monde, pour nous avertir que nous devons le porter dans le cœur.

Après tous ces personnages, il y a trois jeux, qu'on peut regarder comme des ballets. Le premier est celui *deis chivaous frux*, ou *des chevaux fringans*. Ce sont huit à dix jeunes gens qui portent des rubans de différentes couleurs au cou, aux bras & derriere la tête, des épaulettes en or & des scapulaires de Notre-Dame du Mont Carmel, ayant les jambes & les cuisses dans un cheval de carton bien caparaçonné ; ce qui leur donne l'air de centaures.

Les danſes qu'ils ſont, ſont aſſez agréables par la cadence & la vivacité des mouvemens.

Le ſecond ballet eſt celui *deis danſaïres*, des danſeurs. Leur habillement conſiſte dans un corſet, une culotte & des ſouliers blancs, ornés de rubans, un caſque ſemé de diamans faux, & des jarretieres garnies de petits grelots. Une baguette ornée de rubans leur ſert à marquer la cadence. Ils ſont ordinairement ſuivis d'une troupe de petits danſeurs.

Des enfans meſquinement vêtus, appellés *raſcaſſetos* ou les *teigneux*, forment le troiſieme ballet. Ils ont deux cordons de ſonnettes, qui ſe croiſent ſur la poitrine & derriere les épaules, & deux tabliers de mulets à frange, l'un devant, & l'autre derriere : leur têtiere eſt raſe. L'un d'eux a un grand peigne, un autre des broſſes, & un troiſieme des ciſeaux de tondeur. Tous les trois danſent autour du quatrieme, en peignant, broſſant & agitant avec les ciſeaux une mauvaiſe perruque qu'ils portent. Qu'a-t-on voulu repréſenter par de pareils acteurs & par un jeu si dégoutant ? C'est ce qu'il seroit bien difficile de deviner.

Dans tous ces jeux allégoriques sont mêlés plusieurs personnages, ou, si l'on veut, plusieurs officiers dont l'institution tient aux exercices de l'ancienne chevalerie. On y voyoit autrefois le *prince d'amour* : c'étoit un jeune homme de la plus belle taille & de la figure la plus agréable, vêtu magnifiquement, précédé de son guidon, entouré de ses grands officiers habillés avec le même faste, & suivis de tous les corps d'arts & métiers, chacun caractérisé par les vêtemens & les instrumens convenables. On l'a supprimé à cause des grandes dépenses auxquelles il étoit assujetti : on n'a laissé subsister que son lieutenant & ses officiers.

Il y a aussi le roi de la bazoche, & l'abbé de la ville, qu'on croit avoir été autrefois nommé *l'abbé de la jeunesse*. L'élection de tous ces personnages se fait avec beaucoup de solemnité. Richement habillés, ils marchent devant la procession, accompagnés de leurs bâtonniers &

d'une suite nombreuse de parens & d'amis; ce qui forme un assez brillant cortege.

La veille de la Fête-Dieu, à l'entrée de la nuit, le capitaine des gardes du roi de la bazoche, vêtu en bâtonnier, & les trois autres bâtonniers du roi, se rendent devant l'église cathédrale, où ils trouvent les six bâtonniers de l'abbé, en habit de cérémonie & en uniforme. Ceux-ci saluent les officiers du roi de la bazoche, en leur présentant les armes d'une maniere qui leur est propre: ils courent ensuite, comme s'ils alloient forcer un poste, en faisant rouler leurs bâtons autour du corps. Les quatre bâtonniers du roi les suivent à la distance d'environ mille pas en faisant le même jeu. Les fifres & les tambours jouent en même temps un air vif & animé convenable à cet exercice. A dix heures & demie du soir, le guet commence. Outre le jeu des *rascassetos* & celui du chat, le grand & le petit jeu des diables, la reine de Saba, les grands & les petits danseurs, dont il a été déjà fait mention, on y voit au milieu des tambours & des fifres, des tympanons & des tambourins, le duc & la duchesse d'Urbin montés sur des ânes & suivis de quatre chevaliers; plusieurs personnages de la fable à cheval, tels que la Renommée sonnant de la trompette, Momus, Mercure, la Nuit, Pluton, Proserpine, Pan, Syrinx, Bacchus assis sur un tonneau traîné sur un char, Mars, Minerve, Apollon, Diane, Saturne, Cybele, une troupe de faunes & de driades qui dansent; enfin le grand char tout brillant où sont Jupiter, Junon, Vénus, Cupidon, les ris, les jeux & les plaisirs, tous distingués par leurs attributs. Les trois parques à cheval qui ferment la marche, paroissent avoir été ajoutées, pour avertir qu'elles sont le terme où finissent les grandeurs & les plaisirs.

C'est pour cette même raison que le jour de la fête, la procession a été terminée par un personnage qui représente la mort dans l'action d'un faucheur promenant sa faulx à droite & à gauche. Après ce personnage on voyoit paroître l'université dans le plus grand éclat, suivie des moines & des religieux, du clergé de chaque paroisse, & du chapitre de l'église Métropolitaine. L'archevêque ou l'ecclésiastique plus constitué en dignité porte toujours le saint sacrement sous un dais magnifique. La cour du parlement le suit immédiatement. Lorsque le gouverneur de la province assiste à cette cérémonie, il marche entre le premier & le second président. Le parlement doit être suivi de la chambre des comptes, de la cour des aides, des trésoriers de France, des juges de la sénéchaussée & des officiers municipaux.

Au seizieme siecle, on voyoit après ces compagnies, les *momons* : c'étoit une troupe de jongleurs qui se vantoient de tirer leur origine des anciens troubadours. Ils chantoient des chansons profânes & souvent satyriques, en s'accompagnant avec des instrumens, des sonnettes & des grelots, & formoient des danses quelquefois très indécentes. Le bon roi René avoit cru trouver dans ces especes de satyres publiques des moyens de corriger ses sujets. Mais comme il en résultoit plus d'inconvéniens que d'utilité, le parlement supprima cette partie de la fête. On appelloit ces momons, *les jeux du duc d'Urbin*, apparemment parce qu'un de ces ducs en avoit mis de pareils à la mode dans son pays, & l'on disoit alors vulgairement en Provence, *dire son vers à quelqu'un*, pour signifier, lui dire son fait, parce que c'étoit toujours en vers satyriques que les momons reprochoient à leurs concitoyens leurs vices & leurs sottises.

Telle étoit, & telle est encore en partie la fameuse procession de la Fête-Dieu à Aix. Il y a sûrement dans cette institution bien des choses dignes de blâme. Mais on en a justifié l'auteur sur ses excellentes qualités, ses vertus & ses intentions qui n'avoient rien que de louable. Ce bon roi René avoit été dans sa jeunesse un des plus habiles joûteurs, & des plus braves guerriers de son temps. Les anglais en France, & les arragonnois en Italie avoient éprouvé les effets de sa valeur. Adoré pendant sa vie de ses sujets qu'il gouverna en bon pere & en roi juste, il en fut vivement regretté à sa mort, sur-tout des Provençaux. Mais accablé, sur la fin de ses jours, des revers de la fortune, il s'amusa à écrire sur les tournois, & à composer des romans moraux & philosophiques : il peignit à l'huile & en miniature assez bien pour son siecle; cultiva des fleurs & des fruits, dont il fit connoître de nouvelles especes, après en avoir perfectionné plusieurs : il institua des ordres de chevalerie, en leur donnant de sages réglemens; fonda des hôpitaux propres à multiplier les actes de bienfaisance, & ordonna des processions, afin d'entretenir la piété dans le cœur & l'esprit de ses sujets. L'objet qu'il se proposa dans l'institution de celle ci, étoit de faire voir les erreurs que la religion chrétienne avoit détruites parmi les hommes. Pour le faire sentir, le clergé chantoit sans cesse : *noctem lux eliminat.* (La lumiere chasse les ténebres.) Il faut convenir qu'un roi malheureux ne peut mieux mettre à profit ses infortunes, & se consoler de la perte du plus grand nombre de ses sujets, qu'en s'occupant du bien & même de l'amusement des autres.

Le parlement d'Aix comprend dans son ressort toute la Provence & les pays qui en dépendent. Il est composé de la grand-chambre, de la tournelle, de la chambre des enquêtes & de celle des requêtes. Louis XII l'institua en 1501, & nomma premier président *Michel Riccio*, napolitain, qui lui avoit rendu de grands services en Italie. Le service de la France ayant rappellé le magistrat dans sa patrie, le président *Mulet*, homme d'un grand mérite, lui succéda. Le tableau de l'autel de la chapelle du palais, offre le portrait de ce président & des douze plus anciens membres du parlement, représentés sous la figure de Jesus-Christ & des douze Apôtres.

Dans la suite des premiers présidens, on distingue *Barthelémi Chassanée*, grand jurisconsulte, *accuse de Meynier*, & *Jean de Meynier*, baron d'*Oppéde*, son fils. Ce fut sous ce dernier que se fit la terrible exécution des habitans de Merindol & de Cabrierès. Sa petite-fille & son héritiere épousa un Forbin, descendant de Palamède de Forbin, à qui Louis XI eut l'obligation de posséder & de conserver la Provence. Le fils de celui-ci porta le surnom d'*Oppéde*, & fut obligé d'employer l'intrigue pour devenir premier président, quoiqu'il eût les talens & les connoissances nécessaires pour remplir cette place. La hauteur avec laquelle il s'y conduisit, déplut à sa compagnie & aux provençaux. Il eut pour successeur son fils, qui, avec le même défaut, s'attira néanmoins par ses lumieres & son équité, l'estime générale, & mourut regretté de toute la province. Ce n'est que de ce siecle-ci que la branche de Forbin d'Oppéde a abandonné la magistrature. A la fin du seizieme, *Guillaume du Vair* fut premier président de ce parlement. C'étoit un des hommes les plus sages, les plus savans & un des plus beaux esprits de son temps. Il fut fait garde des sceaux en 1616; embrassa ensuite l'etat ecclésiastique, & mourut évéque de Lisieux, laissant des ouvrages fort bons pour le siecle où ils ont été composés.

Il y a à Aix une chambre des comptes & des aides, qui doit son origine aux comtes de Provence, & dont le ressort est le même que celui du parlement; une sénéchaussée, un bureau des finances, un hôtel des monnoies, & une prévôté générale de la maréchaussée. L'université de cette ville a été établie en 1409, par le pape Alexandre V, & confirmée en 1413, par Louis II, roi de Sicile, alors comte de Provence. Les rois de France lui ont ensuite accordé les privileges dont jouissent les autres universités du royaume. Celle ci est composée de trois facultés, théologie, jurisprudence & médecine. On regrette beaucoup en Provence que celle des arts lui manque.

Plusieurs hommes illustres ont pris naissance dans la ville d'Aix. On peut citer Nicolas-Claude Fabri, seigneur de *Peiresc*, conseiller au parlement, homme d'une vaste érudition, qui parcourut toutes les villes de l'Europe où il y avoit des savans, dont il se fit estimer. Il devint ami du célebre Gassendi, qui a écrit sa vie. Aucune science ne lui fut étrangere : rien n'échappa à ses regards des restes de l'antiquité. Mais la passion d'embrasser trop de matieres, l'empêcha de finir aucun ouvrage.

Charles-Annibal *Fabrot*, professeur en droit à Aix, & l'un des plus grands jurisconsultes de son temps. Du Vair, garde-des-sceaux, l'attira à Paris. Après la mort de celui-ci, le chancelier Séguier, à qui il dédia ses excellentes *notes sur les institutes de Justinien*, lui fit donner une pension considérable, pour qu'il s'occupât de la traduction des *basiliques*, ou constitutions des empereurs d'Orient. Le jurisconsulte en effet, après dix ans de travail, les publia en grec & en latin, & les enrichit de notes très-savantes.

Le pere *Cabassut*, prêtre de l'oratoire, qui professa avec distinction le droit canonique à Avignon. Nous avons de lui un bon ouvrage sur cette matiere.

Charles *Du Perier*, neveu de ce *Du Perrier*, à qui Malherbe adressa ces belles stances, pour le consoler de la mort de sa fille :

Ta douleur, Du Perier, sera donc éternelle, &c.

Et parmi lesquelles on distinguera toujours celle-ci pour la délicatesse & le sentiment.

Mais elle étoit du monde où les plus belles choses
Ont le pire destin ;
Et rose, elle a vécu ce que vivent les roses,
L'espace d'un matin.

Il cultiva la poésie latine avec succès, & donna souvent de bons avis à Santeuil. Ces deux poëtes offrirent un exemple assez rare parmi les gens de lettres. Ils devinrent rivaux, disputerent & écrivirent l'un contre l'autre avec chaleur, sans jamais cesser d'être amis. Du Perrier fit aussi des pieces de poésie française, qui furent couronnées par l'académie. C'est de lui que Boileau a dit dans le quatrieme chant de son art poétique :

Gardez-vous d'imiter ce rimeur furieux,
Qui de ses vains écrits lecteur harmonieux,
Aborde en récitant quiconque le salue,
Et poursuit de ses vers les passans dans la rue.

Le pere *Thomassin*, prêtre de l'oratoire : il se distingua dans divers genres de littérature, & principalement dans la théologie & dans les matieres ecclésiastiques. Le pape Innocent XI, pour l'attirer à Rome, voulut le faire cardinal. Mais Louis XIV répondit qu'un savant tel que le pere Thomassin, étoit nécessaire dans son royaume. Il a laissé beaucoup d'ouvrages théologiques, dont la plupart sont très-estimés.

Joseph Pitton de *Tournefort*, un des plus célebres botanistes qui aient paru. Fontenelle a dit de lui qu'il avoit le corps, aussi-bien que l'esprit, fait pour la botanique, & que plus d'une fois il prit la nature sur le fait. Sa passion pour cette science étoit extrême. Il parcourut les montagnes du Dauphiné & de Savoie ; celles de la Catalogne & les Pyrenées, où il courut de grands dangers ; l'Espagne, le Portugal, la Hollande, l'Angleterre, la Grèce & l'Asie. Il observa dans ces différens pays un grand nombre de plantes curieuses. Lorsqu'il étoit en Asie, il vouloit passer en Afrique ; mais la peste qui désoloit l'Egypte, l'obligea de revenir en France. Il étoit alors professeur de botanique au jardin royal des plantes, & membre de l'académie des sciences. On estime beaucoup ses ouvrages sur la botanique, & la relation de ses voyages.

Le pere Gaillard, jésuite, qui prêcha avec de grands succès plusieurs avents & plusieurs carêmes, devant Louis XIV. Il convertit la fameuse *Fanchon Moreau*, actrice de l'opéra, qui épousa depuis un capitaine aux gardes. Ses sermons n'ont point été imprimés. Nous n'avons de lui que quatre oraisons funèbres, où l'on remarque un talent marqué pour l'éloquence brillante & pathétique.

La campagne d'Aix est fort belle, & produit, à l'exception des oranges, les mêmes fruits que les autres endroits de la Provence. On y recueille une huile excellente & très-recherchée, qui fait le principal commerce de ses habitans. Il se tient tous les ans dans cette ville plusieurs grandes & belles foires qui y attirent un grand concours d'étrangers.

A trois lieues nord-ouest de la ville

ville d'Aix, on trouve *Lambesc*. C'est une petite ville fort jolie, qui étoit autrefois un fief dépendant d'une famille noble, nommée dans les chartes, sous le nom de *Lambesc*, & de laquelle il se forma plusieurs branches qui n'existent plus. En 1444 cette seigneurie passa dans la maison de Lorraine, par le mariage d'Yolande d'Anjou, fille du roi René, avec Ferri II, comte de Vaudemont. La maison de Lorraine-Brionne la possède sous le titre de principauté. J'y ai remarqué plusieurs belles maisons de particuliers, & des fontaines abondantes, qui fournissent de très-bonne eau. L'église paroissiale, bâtie depuis peu d'années, m'a paru d'une architecture de bon goût. . . . . . .

Cette ville est, comme je vous l'ai déja dit, madame, le lieu des assemblées générales de la province, qui sont convoquées tous les ans par ordre du roi. J'ai été curieux de voir la salle où elles se tiennent. Voici la maniere dont tout y est disposé, & l'ordre dans lequel sont placées les personnes qui doivent composer l'assemblée.

Au fond de cette salle & en face de la porte, devant un grand rideau qui cache l'autel, où l'on a dit la messe, sont trois fauteuils, dont celui du milieu est élevé sur un marche-pied, en forme de trône. Il est pour le gouverneur, ou pour son lieutenant-de-roi, qui le remplace en son absence. Son capitaine des gardes est assis à ses pieds sur le même marche-pied. A droite & à gauche de ce trône, sont deux autres fauteuils, l'un pour l'archevêque d'Aix, président de l'assemblée, & l'autre pour l'intendant. Au côté droit, il y a pour les deux évêques-procureurs joints du clergé, & pour le grand-vicaire d'Aix, un banc à dossier, couvert d'un tapis, ayant un marche-pied. Vis-à vis de ce banc, il y en a un autre pareil pour les deux gentils-hommes-procureurs joints pour la noblesse. Celui des consuls d'Aix, procureurs du pays, est semblable aux deux premiers. Il est placé après celui des évêques, de maniere pourtant qu'on a laissé entre ces deux bancs un espace, qui est occupé par une chaise ordinaire, couverte d'un tapis, mais qui est un peu plus reculée en arriere. Cette chaise est pour le syndic des communautés. Le reste des deux côtés, ainsi que le fond, près de la porte de la salle, est garni de bancs sans dossier & sans tapis, sur lesquels sont assis les consuls députés des trente-six communautés qui entrent aux assemblées générales. Au devant des consuls d'Aix, & à l'extrémité de leur banc, est une table couverte d'un tapis, & autour de laquelle sont les deux greffiers & l'agent du pays, assis sur des chaises ordinaires. Le trésorier général est placé au milieu de la salle, sur la même ligne que la table, qui se trouve ainsi à sa gauche: le fauteuil dans lequel il est assis, fait face à celui du gouverneur.

Ces assemblées générales ne peuvent être tenues qu'en présence de l'*homme du roi*; c'est-à-dire du commissaire nommé par le roi même pour les autoriser. Une chose digne de remarque, c'est que le gouverneur ou le lieutenant-de-roi, commandant en son absence, après en avoir fait l'ouverture par une harangue, n'y peut plus entrer. Mais le Commisfaire suivi des procureurs du pays, à soin, après la tenue de chaque assemblée, d'aller l'informer de tout ce qui s'y est passé. Les délibérations y sont prises à la pluralité des opinions exprimées à *haute voix*, & quand il y a partage, on opine de nouveau. Si l'affaire regarde le roi, le partage est en sa faveur; mais cela n'est presque jamais arrivé. Toutes les délibérations étant prises, on fait les impositions nécessaires pour le payement du don gratuit que l'on fait au roi, & pour les autres charges du pays à quotité de feux sur tous les lieux contribuables de la province.

La contrée où est située cette petite ville est très-agréable: elle abonde en vins & en huile. On en tire un marbre qui a le fond rouge, mêlé de taches jaunes & noires, & qu'on polit à Aix.

Je ne dois pas oublier de dire ici que *Lambesc* est la patrie du pere François *Pagi*, cordelier, neveu du P. Antoine *Pagi*, religieux du même ordre. Celui-ci naquit au village de *Rognes*, à une lieue nord est de Lambesc. Il fut un des plus savans critiques, & un des esprits les plus judicieux du siecle dernier. Après s'être appliqué avec ardeur à l'étude de la chronologie & de l'histoire, il entreprit l'examen des *annales ecclésiastiques* du cardinal *Baronius*, & releva, année par année, beaucoup d'erreurs qui se trouvent dans ce grand ouvrage. La critique qu'en fit ce religieux, est d'une utilité infinie. Il n'en publia que le premier volume. Les trois autres furent imprimés après sa mort, par les soins du P. François *Pagi*, son neveu, qui avoit hérité de son goût pour l'histoire, & qui l'avoit aidé dans ce travail. Nous avons de celui-ci une *histoire des papes*, qui a été continuée par le P. Antoine *Pagi*, second du nom, son neveu.

Les autres petites villes les plus considérables de ce diocèse, sont *Saint-Maximin* & *Brignolles*. *Saint-Maximin* est sur la riviere d'Argens, à six lieues d'Aix, du côté de l'est. Il est certain que le terroir de cette petite ville a été habité du temps des Romains. Cependant on n'a aucune preuve qu'elle ait existé avant le dixieme siecle. Il n'y a qu'une paroisse, qui étoit autrefois desservie par les bénédictins de l'abbaye de Saint-Victor de Marseille. Elle fut donnée aux dominicains en 1295, par Charles II, roi de Naples & comte de Provence. Ce prince fit rebâtir l'église, qui passe pour être en ce genre, un des beaux monumens du treizieme siecle. L'ordre d'architecture est le même que celui des églises d'Italie, bâties dans le même-temps. Il y a une chapelle souterraine, où sont les reliques de plusieurs saints, & la tête, dit-on, de sainte Magdeleine. Quelques-uns même assurent qu'on garde dans le trésor de cette église une phiole où il y a de la poussiere teinte du sang de Notre-Seigneur; que cette sainte pénitente ramassa aux pieds de la croix, & qui s'éleve en petits bouillons le jour du vendredi-saint. Toutes ces précieuses reliques ont procuré de grandes richesses à cette maison.

Brignolles est situé entre les petites rivieres de Caramie & d'Isole, à neuf lieues est-sud-est de la ville d'Aix. Le mot latin *Brinonia*, est composé de deux mots celtiques, *Brin*, Prune, & *on* Bonne. Le terroir, en effet, abonde en prunes excellentes, dont on fait un commerce considérable. La salubrité de l'air qu'on y respire, étoit autrefois si connue, que les comtes de Provence y passoient quelquefois une partie de l'année. Les comtesses y alloient pour faire leurs couches, & y faisoient nourrir leurs enfans. Saint Louis, évêque de Toulouse, fils de Charles d'Anjou II du nom, y vint au monde en 1274.

Cette petite ville fut le théâtre des guerres de religion qui déchirerent la Provence. Les deux partis la regardoient comme une place importante, & se la disputerent avec acharnement. Le duc d'Epernon, que le parlement & la plus grande partie de la province ne vouloient point reconnoitre pour gouverneur, en étoit maitre en 1595, lorsqu'un paysan protestant imagina un moyen bien exécrable pour lui ôter la vie. Il remplit deux sacs de poudre, d'où sortoit une longue ficelle, qu'il suffisoit de tirer pour faire partir un artifice qui y étoit caché. Ce scélérat choisit le moment où le duc étoit à table, pour placer ces deux sacs immédiatement au dessous de la salle à manger, contre un mur mitoyen, qui soutenoit le plancher. Quelques personnes curieuses de voir ce-qu'ils contenoient, s'empresserent de les délier. Mais aussi-tôt le feu prit aux poudres, fit sauter le plancher, & renversa le mur mitoyen. Heureusement les portes & les fenêtres étoient ouvertes, & donnerent une libre issue à l'air. Le duc d'Epernon fut blessé au bras droit, à la cuisse, & eut la barbe & les cheveux brûlés. Les convives entraînés dans la chûte du plancher, n'eurent aussi que quelques meurtrissures. Cet attentat fut commis un samedi : c'est ce qui fit dire au duc d'Epernon, (par allusion à une mèche qu'on emploie dans les mines, & qu'on appelle *saucisse*) : *Mes ennemis ont voulu me faire manger de la saucisse un samedi ; mais je suis trop bon chrétien.*

Je me rappelle avoir lu dans un ouvrage historique, qu'il y avoit autrefois près de Brignolles l'abbaye de la Celle, fondée vers l'an 1011, & dont les religieuses furent transférées à Aix en 1659, à cause du relâchement qui s'étoit introduit dans cette maison

Parmi les religieuses de distinction qui l'ont habitée, je puis citer Garsende de Sabran, comtesse de Provence, & mere de Raymond Berenger. Elle aimoit les talens, & cette galanterie romanesque si fort à la mode dans ces temps là. Son troubadour, qui dans toutes ses chansons vantoit le mérite de cette princesse, disoit que pour se rendre digne d'elle, il vouloit prendre à Aimar sa politesse, à Trincalco sa gentillesse, à Rendos sa générosité, au dauphin ses réponses obligeantes, à Pierre de Mauléon sa plaisanterie, au seigneur de Béraud sa bravoure, à Bertrand son esprit, au beau Castillon sa courtoisie, à Nebles sa magnificence dans les repos, à Miravals ses chansons, à Pons de Cap-d'Œil sa gaité, à Bertrand de la Tour sa droiture. Un tel amas, ajoutoit il, sera parfait : tous deux vous ne sauriez manquer de vous aimer à cause de la ressemblance.

Ne mettrez-vous pas, madame, cette louange délicate à côté des meilleures pieces en ce genre de nos poëtes? Pour moi je serois bien porté à croire que cette chanson si ingénieuse, étoit connue de l'auteur de celle-ci, qui fut faite à la cour de Louis XIV. C'est une femme qui parle.

Si j'avois la vivacité
Qui fait briller *Coulange* ;
Si je possédois la beauté
Qui fait régner *Fontange*,
Ou si j'étois comme *Conti*
Des graces le modele,
Tout cela seroit pour *Créqui*,
Dût-il m'être infidelle.

Je ne vous parlerai de *Lourmarin*, bourg de ce diocèse, que pour rapporter un fait consigné dans les registres du pays. Ce bourg, fameux dans le seizieme siecle par son attachement aux erreurs de Calvin, étoit une place assez forte, dont les protestans avoient fait, pour ainsi dire, le centre de leurs mouvemens, & où les catholiques envoyoient de temps en temps des espions. L'un d'eux, qui y avoit été envoyé par les procureurs du pays, fut pris, conduit à Lauris, paroisse voisine, & pendu à la croisée d'une fenêtre. Mais l'exécution ne fut pas consomnée : heureusement pour le patient la corde se rompit ; & il eut assez de sang froid, de force & d'agilité pour se sauver à travers les spectateurs. L'assemblée des états se tenoit alors : il y courut, s'y présenta, ayant encore au cou l'instrument de son supplice, & demanda une indemnité. Les états lui accorderent la somme de dix livres pour ses dommages & intérêts. Ce n'étoit assurement pas trop pour encourager ceux qui auroient voulu après lui courir le même danger, sans avoir lieu d'espérer le même bonheur.

Avant de sortir du diocèse d'Aix, il faut bien que je dise un mot de *la tour d'Aigues*, qui n'est pas loin de la rive droite de la Durance. C'est une des plus belles terres de Provence, qui a été possédée par plusieurs maisons puissantes. Antoine René de Bouliers jetta les fondements du château au commencement du seizieme siecle. Ses fils & ses petits-fils continuerent l'ouvrage. Au-devant de la principale porte est une esplanade digne de remarque : des fossés profonds, revêtus de pierre & pleins d'eau vive, environnent le château; il y a une façade qui est estimée des connoisseurs; enfin, au dessus de deux grands corps-de-logis s'éleve une fort belle tour carrée, qu'on assure avoir été construite par les romains. Ce beau bâtiment est, dit-on, un monument de la folie & de l'amour. La Provence en est redevable à Jean-Louis Nicolas, petit-fils d'Antoine, & baron de Cental. Il l'avoit destiné pour être l'habitation d'une grande princesse, dont il étoit amoureux, & dont les aventures ne sont pas ignorées. Un de nos poëtes voyageurs va vous en dire le nom.

Or ce baron de Cental
Fut épris d'une héroïne
Qui lui donna maint rival;
Voyageant en pélerine,
Tantôt bien & tantôt mal;
Villageoise ou citadine,
Promenant son cœur banal
De la cour de Catherine,
A quelque endroit moins royal.
Cette dame de mérite
Fut la reine Marguerite;
Non celle à l'esprit badin,
Qui des tendres amourettes
Des moines & des nonettes
A fait un recueil malin;

Mais sa niece tant prônée,
Dont notre bon roi *Henri*
Fut pendant plus d'une année
Le très-affligé mari,
Et qui plus qu'une autre femme
Porta gravé dans son ame
Le commandement divin
De l'amour pour le prochain.

On trouve en mille endroits du château les chiffres de la reine & du baron, accompagnés de ces trois mots latins : *satiabor cùm apparuerit.* (Je serai rassasié, lorsqu'elle paroîtra.) Mais, suivant le même poëte, les soins du gentil-homme amoureux n'eurent aucun succès.

Au demeurant la gentille princesse
Ne vit jamais un lieu si beau ;
Et le baron, qui l'attendoit sans cesse,
En fut pour les frais du château.

Que cette tradition soit fabuleuse ou non, il est certain que la reine Catherine de Médicis, passant par la Provence, logea dans ce château le 6 Juillet 1579, & y séjourna jusques au lendemain au soir. Elle étoit accompagnée du cardinal de Bourbon, du maréchal de Montmorenci, du grand-prieur de France, du prince de Condé, de la princesse de Lorraine, sa petite-fille, de la princesse de Condé, &c. C'est sans doute à cette occasion (disent ceux qui ne veulent pas croire à sa folle passion pour la reine Marguerite) que le baron de Cental, âgé pour lors de près de quatre vingts ans, fit graver dans son château les mots, *satiabor cùm apparuerit*, pour exprimer la joie qu'il éprouvoit de recevoir chez lui sa souveraine.

Je vous avois promis, Madame, de vous parler ici de *la sainte Baume*. Cette montagne en effet commence dans le diocèse d'Aix, & a dix lieues de longueur, en s'étendant vers Toulon. Mais comme la chapelle se trouve dans le diocèse de Marseille, qui borne celui d'Aix du côté du midi, j'en renvoie la description à la lettre suivante.

Je suis, &c.

A Avignon, ce 15 Octobre 1759.

LETTRE CCCLXXXIV.

SUITE DE LA PROVENCE.

Il est assez surprenant, Madame, que nos auteurs n'accordent à *Marseille* que le troisieme rang parmi les villes de Provence. Aix, il est vrai, en est actuellement la capitale : Arles l'a été autrefois d'un grand royaume. Mais Marseille a formé aussi, dans des temps reculés, une république puissante, & doit être incontestablement regardée aujourd'hui comme la ville de cette province la plus commerçante, la plus riche & la plus peuplée. Elle est située sur la Méditerranée, au fond d'un golfe couvert & défendu par plusieurs îles, partie sur le penchant d'un côteau, & partie dans la plaine.

On n'a aucune preuve qu'il existât d'autres villes dans les gaules lors de la fondation de Marseille, qui, comme je l'ai déjà dit, doit son origine à une colonie de phocéens, peuples d'Ionie, province de l'Asie mineure ou Natolie. Justin rapporte que ces phocéens ayant abordé en Provence, envoyerent des députés à Nanus, roi de la contrée, pour lui demander la permission de s'établir sur la côte, offrant en même temps de faire alliance avec lui. Ce prince étoit alors occupé du mariage de sa fille Gyptis, & s'étoit conformé à l'usage qui exigeoit que, lorsqu'un homme vouloit marier sa fille, il assemblât tous les jeunes gens de même condition que lui, & acceptât pour gendre celui à qui elle présenteroit une coupe remplie d'eau. Les principaux du pays s'étoient donc rendus à la cour de Nanus. Le jour de la cérémonie arrive : on s'assemble; & chacun attend que Gyptis déclare son choix, lorsque Protis paroit, à la tête des députés phocéens, au milieu de l'assemblée. Aussitôt tous les regards se fixent sur les étrangers. On admire sur-tout la bonne mine, l'habillement & les manieres de Protis. La princesse entraînée tout-à-coup par un sentiment qu'elle ne peut maîtriser, s'empresse de lui présenter la coupe. Tous les assistans sont au comble de l'étonnement. Mais Nanus, qui ne commandoit qu'à des sauvages, flatté sans doute d'avoir pour gendre le chef d'un peuple policé, approuve le choix de sa fille, & cede aux phocéens le terrain où ils bâtirent Marseille. Ce fut environ six cents ans avant l'ere chrétienne.

Les nouvelles que ces premiers colons envoyerent en Ionie de la beauté & de la fertilité du pays qu'ils habitoient, engagerent leurs compatriotes, qui venoient de tomber sous le joug des perses, à abandonner le lieu de leur naissance. La plûpart s'embarquerent secretement avec leurs femmes & leurs enfans, & jetterent dans la mer une masse de fer ardente, jurant de ne retourner dans leur patrie, que quand cette masse remonteroit sur la surface des eaux. Quelques-uns aborderent en Corse, d'autres en Italie, & le plus grand nombre à Marseille. Il y avoit, à cette époque, cinquante-sept ans que les phocéens avoient commencé à élever les murs de cette ville; & le gouvernement populaire y étoit déjà établi. Cette république ne tarda pas à fleurir par le commerce, l'industrie & le génie de ses habitans. Ils ne se bornerent pas à apprendre aux celtes-gaulois l'art de cultiver plusieurs especes de légumes & de plantes qu'ils avoient apportées de l'Asie mineure. Ils leur donnerent encore les premieres notions de l'usage de l'écriture, ainsi que des regles de l'éloquence & de la poésie.

Aristote, dans son traité des républiques, fait les plus grands éloges de celle de Marseille. Les anciens en ont vanté ces loix sages, qui étoient gravées sur des tables, & affichées dans les places publiques, afin que personne ne les ignorât. Mais il y en avoit quelques-unes remarquables par leur singularité. Les hommes, convaincus d'un crime qui méritoit la mort, étoient condamnés à boire de la ciguë pour s'empoisonner. C'est pourquoi on gardoit du suc de cette plante venimeuse dans un dépôt public près de la prison. Vous sçavez, Madame, que le même usage se pratiquoit à Athènes.

Une loi bien plus digne de remarque est celle qui regardoit le suicide. Il étoit défendu aux citoyens d'avancer leurs jours. Mais ceux qui se trouvoient vieux & infirmes, ou qui s'ennuyoient de la vie, exposoient leurs raisons aux magistrats. Si elles étoient approuvées, on leur accordoit la permission de boire publiquement du suc de ciguë, après avoir pris congé de leurs parens & de leurs amis. Un de nos cosmographes du seizieme siecle dit que cinquante années avant celle où il écrivoit, on voyoit les masures du lieu où la ciguë étoit conservée, & qu'elles ne furent détruites, que lorsqu'on bâtit l'hôpital-général.

Tous nos vieux auteurs assurent encore que les Marseillois étoient dans l'usage de prêter de l'argent à leurs amis, à condition qu'ils le leur rendroient, après leur mort, dans les champs élisées. Ils ajoutent que ce n'étoit point une plaisanterie; mais que cela prouve qu'ils étoient bien persuadés de l'immortalité de l'âme. Une autre preuve qu'ils en apportent, c'est que les Marseillois enterroient gaiment leurs parens & leurs amis. Il est vrai qu'ils se plaignoient un peu d'en être séparés au moins pour quelque temps. Mais après ces plaintes, ils se réjouissoient à table de ce qu'ils se retrouveroient bientôt dans un lieu de délices que les dieux avoient créé pour les hommes vertueux.

Les marseillois rendirent un culte particulier à Diane d'Ephèse, qu'ils avoient consultée en partant de Phocée. Ils lui éleverent un temple dans leur nouvelle ville, ainsi qu'à Apollon. Malheureusement ils sacrifioient, comme bien d'autres nations, des victimes humaines à ces fausses divinités. Mais ils en perdirent peu-à-peu l'habitude. Dans les premiers temps les peres sacrifioient leurs propres enfans. On n'immola ensuite que des étrangers esclaves qu'on jettoit aussitôt après dans les flammes. Ces sacrifices barbares se faisoient dans des bois sacrés, situés prés de la ville. Ils furent insensiblement réduits à une simple cérémonie, qui n'avoit même lieu que dans des temps de calamité. On choisissoit un pauvre que l'on nourrissoit fort délicatement pendant plusieurs jours. Quand il étoit bien engraissé, on prononçoit sur sa tête toutes sortes de malédictions; on le chargeoit de toutes les iniquités du peuple, & on le chassoit de la ville.

J'ai dit ailleurs que les phocéens-marseillois eurent des guerres très-vives & très-longues à soutenir contre les salyes, peuples gaulois, qui habitoient le reste de la Provence. Ces guerres commencerent après la mort de Nanus, & furent allumées par la jalousie des peuples voisins, qui ne voyoient pas sans peine dans leur propre pays des étrangers plus recommandables & plus heureux qu'ils ne l'étoient eux-mêmes. Les marseillois vaincus s'allierent avec les romains; & cette alliance les mit en état de réparer leurs désastres, de faire des conquêtes, & d'étendre leur domination. Après avoir fondé des villes dans les Gaules, dans l'ile de Corse, en Espagne & dans l'ile de Sardaigne, ils se virent les maîtres d'une partie de la Catalogne, de presque tout le Languedoc, de toute la Provence, de tout le Dauphiné, de la côte occidentale du pays de Gênes, & tinrent, par leurs flottes nombreuses, l'empire de la mer. Ce qui les rendit aussi très-célebres, ce fut l'étude des sciences & des beaux-arts. Il y avoit à Marseille une académie, où l'on enseignoit non-seulement la langue grecque, la latine & la gauloise, mais encore la rhétorique, la poëtique, la philosophie, la médecine, la jurisprudence, la théologie, les mathématiques & l'astronomie. *Je ne t'oublierai pas, Marseille*, s'écrie *Cicéron* dans son oraison pour L. Flaccus, *toi dont la vertu est à un degré si éminent, que la plûpart des nations te doivent céder, & que la Grece même ne doit pas se comparer à toi.* Suivant *Pline*, cette ville fut la *demeure* & la *maîtresse* des sciences.

Il ne faut pas s'étonner que les romains aient contribué à l'accroissement des forces & de la puissance des marseillois. Ils avoient en cela une bonne politique : c'étoit d'affoiblir les gaulois, pour les subjuguer ensuite plus aisément. César en effet parut dans leur pays, & en fit l'entiere conquête. Les marseillois ne le traverſerent point dans ſes premiers progrès, parce qu'il ne chercha point à les priver de leur liberté. Mais auſſi-tôt qu'il eut fait éclater ſon ambitieux deſſein d'aſſervir ſa patrie, il voulut obliger les marſeillois de ſe déclarer contre Pompée, que le ſénat avoit envoyé pour le combattre. Ceux ci ne balancerent point à prendre le parti du défenſeur de la république romaine. Céſar ſe prépara à les attaquer par mer & par terre. Les marſeillois armerent une flotte qui fut battue; une ſeconde éprouva le même ſort. Le ſiege de Marſeille fut alors commencé dans toutes les formes. Les habitans firent une réſiſtance auſſi longue que vigoureuſe. Céſar lui même avoue dans ſes commentaires que ce ne fut qu'après avoir été pluſieurs fois repouſſé, qu'il les força de ſe rendre. Ses troupes s'enrichirent d'une partie du tréſor de cette opulente cité. Mais la vie des citoyens fut ménagée; & la liberté de la république ne ſouffrit aucune atteinte.

Tout l'empire romain s'étant ſoumis à ce vainqueur, les marſeillois furent encore très puissans. Les empereurs même augmenterent leur territoire ; & toute la Provence maritime leur fut assujettie. Mais leurs trop grandes richesses entraînerent la corruption des mœurs. Le luxe, ce destructeur des états, lorsqu'il est porté au-delà des bornes sagement prescrites, s'introduisit dans Marseille, énerva les ames, rallentit le zele & l'activité des citoyens plus empressés de jouir qu'envieux d'acquérir, & anéantit insensiblement le commerce. Dans cet état de langueur, cette ville autrefois si florissante tomba sous le pouvoir des barbares. Elle devint successivement la proie des vandales, des bourguignons, des goths, & fut possédée par nos rois de la premiere race. Livrée ensuite aux sarrasins par des traitres, elle fut saccagée, & presqu'abandonnée durant quelques siecles. Enfin après s'être un peu relevée, elle rentra sous la domination françoise.

Les comtes de Provence, sous les empereurs, s'étant rendus souverains, on croit que vers la fin du dixieme siecle, l'un d'eux nommé Boson II, donna

donna à Pons son fils cadet la vicomté de Marseille, sous la condition qu'il en feroit hommage à son frere aîné. Mais il paroît que les descendans de Pons ne remplirent pas long temps cette condition; puisque dès le onzieme siecle ils s'intituloient *par la grace de Dieu*. Cette vicomté comprenoit alors, d'un côté Martigues & la tour de Bouc; de l'autre la Ciotat, Toulon & ce qui compose aujourd'hui son district, la ville d'Hieres & toute sa viguerie, & même les iles de ce nom. Ces grandes possessions resterent pendant près de deux cens ans aux vicomtes de Marseille, qui eurent la politique de faire presque toujours élire leurs freres cadets évêques de cette ville.

Hugues Geoffroi I, sixieme vicomte, mourut en 1170, laissant cinq enfans; Hugues Geoffroi II, Guillaume V, Barral, Raymond Geoffroi, & Roncelin, qui se partagerent l'héritage de leur pere. Le premier eût un fils qui mourut sans postérité, & une fille. Les trois autres, parmi lesquels on peut distinguer Barral, qui rendit sa cour très brillante, & dont la femme fut l'idole des troubadours, ne laissèrent non plus qu'une fille unique. Ces quatre héritieres vendirent successivement & conjointement avec leurs maris leur portion de la vicomté aux recteurs & consuls de Marseille. Roncelin, le dernier des cinq enfans, s'étoit fait religieux à l'abbaye de Saint-Victor. Il quitta l'habit de cet ordre pour se marier, (ce qui le fit excommunier par le pape) & n'ayant point eu d'enfans, il vendit également sa portion aux consuls, qui devinrent alors propriétaires en entier de la vicomté de Marseille.

Cependant Raymond Beronger, comte de Provence, & le dernier de la maison de Barcelonne, voulut réunir à son domaine la seigneurie de cette ville. Il en fit le siege en 1237, mais inutilement. Charles d'Anjou, son gendre & son successeur, fut plus heureux ou plus habile. Il parvint d'abord à dépouiller Marseille d'une partie du domaine des anciens vicomtes. Il lui fit ensuite une guerre ouverte, se prévalant des droits de ses prédécesseurs & de ceux de l'évêque qu'il avoit achetés, l'assiégea & la soumit entierement. Il accorda néanmoins aux marseillois l'exemption de toute taille & d'impositions personnelles, ainsi que d'assez belles prérogatives pour leurs magistrats municipaux. Ces avantages furent confirmés par ses successeurs : mais ils se bornent au district immédiat de Marseille : le reste du territoire est tout à-fait réuni au comté de Provence.

Les marseillois resterent toujours fideles & inviolablement attachés à leurs nouveaux souverains. Ils montrerent le plus grand zele à servir Louis III d'Anjou, comte de Provence, dans la guerre que lui déclara Alphonse roi d'Arragon au sujet du royaume de Naples. Mais ils essuyerent dans cette circonstance, le plus affreux désastre. Tandis que Louis se défendoit en Italie, Alphonse jugea à propos de faire une diversion dans la Provence. Il débarqua d'abord à Hieres en 1427; parut ensuite devant Marseille, alors dépourvue d'armes & de troupes; força l'entrée du port où les marseillois soutinrent un combat des plus terribles; se rendit maitre de la ville, y fit mettre le feu en plusieurs endroits, & livra le reste au pillage, en ordonnant cependant à ses soldats de respecter les églises & les femmes. On auroit cru que Marseille ne figureroit plus parmi les grandes villes. Mais Louis d'Anjou la fit rétablir ; & bientôt elle se trouva en état de résister à une armée navale de catalans, qui étoit venue l'assiéger par mer.

Le roi René, son successeur, après avoir perdu tous ses enfans, après avoir essuyé tous les revers de la fortune, se plaisoit infiniment à Marseille. Il y passoit la plûpart des hivers, & avoit coutume de se promener au soleil sur le quai, qui est exposé au midi & à l'abri des vents. C'est pour cela qu'on l'appelle encore aujourd'hui la *cheminée du roi René*. Charles d'Anjou, duc du Maine, son neveu, qui lui succéda, mourut dans cette ville, & laissa, comme je l'ai dit ailleurs, ses états à Louis XI. Depuis cette époque, Marseille a soutenu plusieurs sieges assez vifs. En 1524, le connétable de Bourbon, rebelle à la France, & commandant les troupes de l'empereur, l'assiégea avec une armée de vingt-cinq mille hommes. Mais il éprouva de la part des habitans la plus vigoureuse résistance ; & fut contraint de se retirer. En 1536, Charles-Quint fit aussi des tentatives pour s'en emparer. Mais ce fut sans succès ; & il y perdit presque toute son armée.

Les affaires de religion, sous Henri III & Henri IV, causerent de grands troubles dans Marseille. Il s'y forma deux factions au sujet de la ligue ; & on vit les habitans s'armer & combattre les uns contre les autres. *Casaulx*, qui s'étoit fait élire consul contre l'ordre du réglement, & *Louis Daix*, étoient les deux chefs du parti de la ligue. Ils usurperent toute l'autorité sur les consuls, & exercerent une espece de gouvernement, connu dans l'histoire sous le nom de *Duumvirat*. Les troupes du roi tenterent plusieurs fois inutilement de s'emparer de Marseille. Mais un citoyen courageux, nommé *Pierre Bayon*, ôta la vie à Casaulx ; & bientôt après, la faction de la ligue fut entierement dissipée. La ville de Marseille se soumit au roi, & fit ériger à Pierre Bayon une statue de marbre, qu'on plaça dans l'hôtel-de-ville avec cette inscription, *à Pierre de Libertat*, nom que cette famille a porté depuis. Henri IV l'ennoblit, le fit viguier perpétuel de Marseille, & lui accorda, outre plusieurs autres avantages, de grands privileges qui ont été confirmés par les rois ses successeurs.

Peu de temps après, la reine, Marie de Medicis, vint par mer à Marseille. La galere qu'elle montoit avoit soixante-dix pas de longueur, vingt-sept rames de chaque côté, & étoit toute dorée au dehors. La poupe, dont le bord étoit marqueté de cannes d'inde, de grenatines, d'ébene, de nacre, d'ivoire & de lapis, étoit couverte de vingt cercles de fer, enrichis de topazes, d'émeraudes & autres pierreries, avec un grand nombre de perles pour en relever l'éclat. Les armes de France, composées de diamans de grande valeur, & celles de Toscane, de cinq gros rubis, d'un saphir, d'une grosse perle au dessus, & d'une grande émeraude entre deux, étoient près du siege de la reine. Il y avoit, outre cela, une croix de diamans, & une autre de rubis. Les chambres de la galere étoient tapissées de draps d'or; les vitres étoient de cristal, les rideaux de drap d'or à franges; & les forçats vêtus d'écarlate, portoient des bonnets enrichis de fleurs-de-lys d'or. Cette galere étoit accompagnée de six autres florentines, de cinq du Pape, & de cinq de Malte.

En lisant cette description, vous vous êtes sans doute rappellé, Madame, cette fameuse Cléopatre, mandée par Antoine, naviguant sur le fleuve Gydnus, dans un vaisseau dont la poupe étoit d'or, les voiles de pourpre & les rames d'argent. La manœuvre s'y faisoit au son des instrumens de musique; & la reine mollement couchée sous un pavillon d'une étoffe tissue d'or, étoit parée des plus brillans ajustemens que les poëtes ont donnés à Venus.

En 1720 & 1721, la ville de Marseille fut désolée par le plus cruel de tous les fléaux. Un vaisseau venu de Seyde vers le 15 de Juin, y apporta la peste, qui de là se répandit dans presque toute la province. Que ne seroit point aujourd'hui Marseille, quant à sa population, puisqu'elle renferme plus de quatre-vingt mille habitans, quoique cette violente maladie en ait enlevé plus de soixante mille ! Elle a été considérablement agrandie depuis deux siecles, & peut bien être mise au nombre des villes les plus commerçantes de l'Europe & les plus belles du royaume.

On la divise en *ville vieille* & en *ville nouvelle*. La premiere est sur le penchant d'une colline, & se présente en amphithéatre aux vaisseaux qui entrent dans le port. Mais les rues en sont sales, étroites, montueuses, & les maisons mal bâties. On y voit la cathédrale, appellée *Notre-Dame la major*, & une autre église collégiale & paroissiale, nommée *Notre-Dame des accoules*. Elles sont toutes les deux fort anciennes. Suivant l'opinion commune, la cathédrale a été bâtie du temps des Goths, sur les ruines d'un temple dédié à Venus ou à Diane. On regarde comme des restes de ce temple, une colonne de granit qui est à l'autel de St. Lazare, & dont le travail paroît moderne. Le tombeau de marbre qui sert de baptistaire, est très-beau. Les cinq figures qui sont sur le devant, méritent d'être remarquées pour la draperie. La chapelle du St. Sacrement offre trois tableaux précieux du célebre Puget; le Sauveur du monde, le baptême de Constantin, & le baptême de Clovis.

Il y a lieu de conjecturer que cette église a servi de mosquée aux Sarrasins, puisqu'on y a trouvé quelques inscriptions Arabes, entr'autres celle-ci qu'on lit sur une pierre de marbre, & qu'on a ainsi traduite: *Dieu est le Seigneur seul permanent. C'est ici la sépulture de son serviteur & martyr, qui s'étant confié en la miséricorde du Dieu très-haut, il la lui a accordée en pardonnant ses fautes. Joseph, fils d'Abdallah, de la ville de Metelin, décédé dans la lune zilhugé.* Ruffi, dans son histoire de Marseille, croit que c'est l'épitaphe de quelque *Cacis*, ou prêtre mahométan, de l'ordre des Almudenes, qui appellent les peuples, en criant du haut des mosquées.

On conserve précieusement dans cette cathédrale les reliques de Saint Lazare, que l'église de Marseille prétend avoir eu pour premier évêque. C'est (d'après une tradition très-anciennement reçue) ce même Lazare que Jesus-Christ ressuscita, & qui vint en Provence avec Ste. Magdeleine & Ste. Marthe. Quoi qu'il en soit de cette tradition, on ne peut nier que l'évêché de Marseille ne soit un des plus anciens de France, puisque, dès le commencement du quatrieme siecle, *Oresius*, évêque de cette ville, assista au concile d'Arles assemblé par l'ordre de l'empereur Constantin. A la fin de ce même siecle, les évêques de Marseille disputerent la primatie de la Gaule Narbonnoise aux archevêques d'Arles, qui l'emporterent. Les évêques dont je parle, après avoir été honorés par les empereurs chrétiens, les rois Goths, & les rois de France de la premiere race, furent chassés de leur siege par les Sarrasins, rétablis ensuite par Charlemagne, & obtinrent plusieurs graces & plusieurs privileges des rois & des comtes d'Arles.

Je ne dois pas oublier de dire ici que *Paul de Sade* étoit évêque de Marseille, lorsqu'Alphonse, roi d'Arragon, s'empara de cette ville, & la livra au pillage. Ce désastre réduisit les habitans à une extrême détresse. Le charitable pasteur, non moins éclairé que sensible, ne balança point, pour subvenir à leurs besoins, d'emprunter de l'argent à des marchands d'Avignon, en leur laissant pour gage la châsse, qui contient les reliques de Saint Lazare; dépôt respectable, qui fut promptement retiré.

La *nouvelle ville*, très-bien bâtie & très bien percée, est séparée de la *vieille* par une des plus belles rues que l'on puisse voir, & qu'on nomme le *Cours*. Elle s'étend depuis la porte d'Aix jusqu'à la porte de Rome. Il y a de chaque côté un rang d'arbres, avec des bancs de pierre dans les intervalles, & des fontaines vers le milieu. Les maisons dont elle est bordée, sont toutes de même symétrie, ornées de portiques & de grandes colonnes, avec leurs bases & leurs chapiteaux. Rien de plus frappant que le coup d'œil qu'offre ce cours, surtout les jours de dimanche, au printemps ou en été, lorsque les habitans y vont respirer la fraîcheur du soir.

L'abbaye de *Saint Victor* est à une des extrémités de cette *nouvelle ville*. C'est une des plus illustres du monde chrétien. On en fait remonter la fondation jusqu'aux premiers siecles de l'église. Le saint auquel elle est dédiée, étoit un des soldats de la légion Thébaine, qui, sous l'empire de Maximien Hercule, s'étant déclaré chrétien, eut la tête tranchée à Marseille, par ordre & en présence de cet empereur l'an 290. Il éclaira des lumieres de l'évangile cinq autres soldats qui le gardoient dans sa prison, & qui furent décapités comme lui. Les chrétiens les enterrerent dans une des *baumes* ou *grottes* creusées dans les montagnes voisines de l'endroit où est l'abbaye.

Au cinquieme siecle, *S. Cassien*, dont j'ai déjà parlé, étant arrivé en Provence, jetta les fondemens d'un couvent de moines sur une grotte creusée dans le rocher, où la Magdeleine, dit on, fit pénitence, avant de se retirer à la Sainte-Baume, & y fit transporter le corps de St. Victor & ceux de ses compagnons. Les Sarrasins ruinerent & brûlerent ce monastere dans le neuvieme siecle; mais les flammes ne pénétrerent pas dans la grotte souterraine où les reliques étoient renfermées. Il fut rétabli dans le siecle suivant par Guillaume I, vicomte de Marseille, & Honoré, son frere, qui en étoit évêque.

Benoît IX avoit consacré l'église de cette abbaye avec éclat en 1040. Urbain V, qui y avoit été religieux, étant devenu Pape, la fit entourer de murailles, & fit élever ces deux grosses tours qu'on y voit aujourd'hui. Il y fut enterré à côté du maître autel, où quantité de lampes brûlent continuellement. Cette abbaye fut mise en commende au seizieme siecle, & les moines en ont été sécularisés en 1739, par une bulle de Clément XII, confirmée par lettres-patentes de 1751. Il a été reglé à cette époque qu'on ne pourroit être reçu Chanoine, sans avoir fait des preuves de noblesse.

L'église *supérieure* & l'église *sou-*

terraine de cette abbaye offrent plusieurs tombeaux antiques, avec leurs inscriptions. Dans la premiere, on peut remarquer une descente de croix qui est au fond du chœur; dans la souterraine, les tombeaux de plusieurs anciens abbés, dont on lit encore les noms, & ceux des soldats pisans, qui furent tués à la conquête des isles Baléares sur les Sarrasins en 1114. Celle-ci est composée de plusieurs chapelles. Au devant de celle de *Notre-Dame*, dont l'intérieur est très-riche, la voûte est portée par sept grandes colonnes qu'on dit être de pierres fusiles, dont les bases & les chapiteaux sont d'une espece de granit noir & blanc & d'ordre corinthien. Il y a un tableau de la Vierge, peint sur bois, qu'on attribue à Saint Luc, & une croix sur laquelle on prétend que S. André souffrit le martyre. Elle étoit autrefois, dit un auteur, droite comme celle du Sauveur; mais on l'a mise en sautoir en la faisant enchasser dans du vermeil. Ce fut un camérier de cette maison, qui apporta ce dessein d'Italie, & qui, au goût des connoisseurs, est un morceau parfait en son genre. Il n'est permis à aucune femme d'entrer dans cette chapelle. On ne brûle sur l'autel que de la cire verte. C'est, dit-on, en signe des priviléges & indulgences accordées par differens papes, parce qu'en Provence toutes les graces se scellent de cette couleur.

A côté de cette chapelle, est l'ouverture d'un souterrain, à l'entrée duquel, on veut que la Magdeleine ait fait sa premiere pénitence. Cette voûte s'étend, dit-on, à plus de cinq cens pas sous la ville, vers la porte d'Aix; & c'est ici qu'ont été inhumés les corps de plusieurs martyrs. Auprès de la grille de fer de cette grotte, on voit dans une niche creusée dans le mur, une urne canelée d'une matiere transparente & d'un ouvrage très-curieux. On trouva ce vase en creusant la terre aux environs de cette abbaye, dans le temps que Henri d'Angoulême, grand-prieur de France, étoit gouverneur de Provence. Les uns veulent encore qu'il ait servi de cruche à la Magdeleine, lorsqu'elle demeuroit en ce lieu; d'autres, qu'elle y ait renfermé les parfums qu'elle versa sur les pieds de Jesus-Christ.

Il y a dans Marseille cinq paroisses, la *major* ou la cathédrale, dont j'ai déjà parlé, *S. Martin* & *Notre-Dame des accoules*, collégiales ; *S. Laurent* & *S. Ferréol* ; trois chapitres, y compris celui de l'abbaye de *S. Victor*, qui est collégiale ; vingt-deux maisons de religieux, y compris celles de chanoines réguliers & de congrégations particulieres ; trois abbayes de filles, y compris celle de l'ordre de *Sainte Claire*, & treize autres maisons de religieuses ; enfin des confréries de pénitens, pour ainsi dire, de *toutes les couleurs*. L'abbaye des Dames de *S. Sauveur* reconnoît, comme celle de S. Victor, S. Cassien pour son fondateur. Il n'y a rien de bien remarquable dans leur maison.

Les choses qui méritent d'être vues dans les autres églises, sont, à l'Observance, le tableau de l'*Ecce Homo*, curieux, en ce qu'on prétend qu'il a été peint par le roi René ; dans l'église des religieuses de Ste. Marie, l'*Enfant Jesus couronnant la Vierge*, par Pierre Parocel ; au premier monastere de la visitation, un *S. François de Sales en prieres*, beau tableau de Puget; aux Dominicains, *le martyre* d'un religieux de cet ordre, par Serres, peintre Marseillois; sur le haut de la façade de l'église de S. Martin, une *figure de S. Ambroise*, exécutée en pierre par un artiste médiocre, d'après le beau *S. Ambroise*, fait en marbre par Puget, dans l'église de Cavignan à Gênes; *la façade* de l'église des Chartreux hors de la ville: de là on peut aller voir au maître-autel de l'église de Château-Gombert un tableau de Puget, représentant *la vocation de S. Mathieu*; il pourroit être mis au rang des plus précieux, si le coloris en étoit meilleur.

Un écrivain a fait des recherches très-curieuses sur les anciens usages de l'église de Marseille & de l'abbaye de S. Victor: voici les plus singuliers. Au seizieme siecle, on faisoit encore tous les ans une procession en mémoire du rétablissement de l'abbaye, & dans laquelle on portoit les reliques du Saint. A la tête de tous les religieux de cet ordre, marchoit un cavalier armé de toutes pieces, tenant d'une main une lance, & de l'autre, le guidon ou étendart de S. Victor. Il représentoit le Saint même, qui, comme je l'ai dit, étoit militaire. Son armure étoit superbe, son cheval beau & richement caparaçonné, couvert de damas blanc, avec des croix bleues. On voyoit sur le guidon quatre bâtons d'or en sautoir, qui sont les armes de l'abbaye. Six pages suivoient le cavalier qui étoit précédé de douze flambeaux. D'aussi loin que le peuple appercevoit cette enseigne, il joignoit ses acclamations au bruit des tambours & des trompettes, qui ouvroient la marche de la procession. Lorsqu'elle passoit sur le port, les bâtimens & les galeres déployant leurs pavillons, la saluoient en tirant leurs canons & leur mousqueterie. Les consuls, tous les corps & toutes les communautés se trouvoient en certains endroits marqués, pour offrir leurs hommages à S. Victor, & le reconduisoient jusques à l'abbaye: cette procession s'appelloit *la Triomphale*.

Le jour de la fête de *S. Lazare*, on en faisoit une autre encore plus magnifique, parce que toute la bourgeoisie y assistoit sous les armes & rangée par compagnie. On joignoit ce jour-là l'étendart de la ville de Marseille à celui de S. Victor. Les anciennes familles Marseilloises se font honneur d'avoir eu parmi leurs ancêtres des gens qui ont porté ces étendarts.

Les muletiers faisoient aussi, le jour de la fête de S. Eloi leur patron, une procession militaire & triomphale, qu'ils rendoient magnifique autant qu'ils le pouvoient. Ce qu'il y avoit de singulier, c'est qu'ils étoient tous montés sur des mulets; & que le soir de cette fête, il se faisoit hors de la ville des courses de mules, pour lesquelles on distribuoit des prix.

Le jour de *S. Cannat*, qu'on dit avoir été un des premiers évêques de Marseille, tous ceux qui marchoient à la procession, ceux qui la suivoient, & surtout les enfans, portoient de longues cannes, en mémoire d'un miracle du Saint, qui voulant se retirer dans une solitude, de peur d'être évêque, répondit à ceux qui le pressoient d'accepter cette dignité, que le bâton sec qu'il portoit à la main, fleuriroit plutôt qu'il ne seroit digne d'être évêque; & aussi tôt son bâton fleurit.

La procession de la Fête-Dieu n'est pas, à beaucoup près, aussi mystérieuse que celle d'Aix. Cependant on y voyoit anciennement beaucoup de gens habillés en diables, le visage barbouillé de suie, des cornes à la tête, & le corps tout nu, à l'exception d'un caleçon noir. Aujourd'hui, on permet qu'un certain nombre de bouchers y assistent habillés en coureurs, conduisant un bœuf couronné de fleurs, & couvert d'un tapis sur lequel est un petit enfant de six à sept ans. Il a pour tout vêtement une peau de mouton, & tient une banderolle de la main gauche: c'est une représentation de S. Jean Baptiste. Après avoir promené ce bœuf dans la ville, on l'assomme en mémoire de l'abolition des sacrifices payens, auxquels a succédé le sacrifice non sanglant de l'Eucharistie.

S'il faut en croire les Marseillois, ils ont été les premiers qui aient établi l'usage de donner des aubades & de chanter des noëls aux approches de la fête de la Nativité de Notre-Seigneur. C'est surtout la nuit de Noël qu'ils chantent, jouent des instrumens, & dansent dans les rues. Ils couvrent ce jour là une table de trois nappes l'une sur l'autre, & y placent tout au tour treize pains, dont l'un beaucoup plus gros, appellé *le pain du bon Dieu*, est toujours partagé en trois, & donné à trois pauvres. On sert sur la table des viandes froides & des fruits, tels que la saison peut les produire; on les arrose d'eau-benite, & ceux qui viennent voir le maître & la maîtresse de la maison, pour leur souhaiter les bonnes fêtes, sont invités à en manger.

Les Provençaux se vantent encore d'avoir été les premiers qui aient brûlé une grosse buche à Noël. On l'allumoit à Marseille avec des cérémonies particulieres, & l'on chantoit, *can Noël ven, tot ben ven*: on versoit du vin sur la buche, en mettant dessous des charbons arrangés en croix pour la faire brûler, & l'on faisoit des signes de croix.

Il y a des usages particuliers à l'abbaye de S. Victor : celui-ci est le plus remarquable. On y communie le Vendredi-Saint, ce qui ne se fait dans aucune autre église du monde. On regarde aussi comme essentiel à Marseille de manger de la viande de cochon le jour de Pâques, pour marquer qu'on a en horreur le judaïsme : la foi de celui qui y manqueroit, deviendroit suspecte. Cependant l'évêque se contente de dîner en cérémonie avec tout son clergé, & de manger un agneau rôti.

Je ne vous ai rappellé, Madame, tous ces anciens usages, que pour vous faire connoître les mœurs des temps où ils ont été établis, & de ceux où ils étoient encore observés. Que de réflexions à faire sur ces siecles passés, comparés avec le siecle où nous vivons ! Mais si la comparaison doit tourner à notre avantage pour les lumieres, soyons de bonne soi; en sera-t-il de même pour les vertus?

La ville de Marseille est très-médiocrement fortifiée, & n'a jamais eu d'autre défense qu'une simple muraille, avec des redans, quelques tours & un fossé. Si elle a trois fois résisté, pendant le cours du seizieme siecle, aux armes des Espagnols, des Impériaux & du duc de Savoie, elle en est redevable au courage & au grand nombre de ses habitans. C'est ce qui lui a mérité le privilége de se garder elle-même, sans être obligée de recevoir aucune garnison. Les places & les fontaines y sont en très-grand nombre; deux choses bien essentielles, dans une ville surtout considérable par son étendue & sa population.

Un spectacle bien intéressant pour un voyageur, est celui du port, à cause de l'affluence des nations commerçantes. C'est un tableau des plus agréables par la variété de costume, de mœurs & de langage. Vous, Madame, qui êtes à portée de le voir tous les jours, vous n'accuserez pas d'exagération l'Auteur du *voyage de Languedoc & de Provence*, lorsqu'il dit : que l'aspect de ce port est frappant !

Telles jadis en souveraines
Occupoient le trône des mers,
Carthage & Tyr, puissantes reines
Du commerce de l'Univers.
Marseille, leur digne rivale,
De toutes parts à chaque instant
Reçoit les tributs du couchant
Et de la rive orientale.
Vous y voyez soir & matin
Le hollandois, le levantin,
L'anglois sortant de ces demeures
Où le laboureur, l'artisan
N'ont jamais vu pendant trois heures
Le soleil pur quatre fois l'an.....
Là, tout esprit qui veut s'instruire
Prend de nouvelles notions.
D'un coup-d'œil on voit, on admire,
Sous ce millier de pavillons,
Royaume, république, empire;
Et l'on diroit qu'on y respire
L'air de toutes les nations.

Ce port peut, je crois, être regardé comme un chef-d'œuvre de la nature. C'est un bassin de forme ovale, qui a cinq cents quatre-vingt toises de longueur, sur cent soixante dans sa plus grande largeur, & quinze ou dix-huit dix-huit & vingt-deux pieds d'eau de profondeur. Il occupe presque toute la longueur de la ville, & peut contenir six ou sept cents navires. On y a vu, sous le regne de Louis XIV, jusqu'à quarante galeres très-bien équipées, outre un très-grand nombre de vaisseaux marchands. Mais il ne peut pas en recevoir de haut bord. Un fond de vingt-cinq mille livres que la ville paie annuellement est destiné pour son entretien.

Il n'y a point dans toute la Méditerranée une rade ni un port plus sûrs que celui-ci. Les bâtimens y sont à l'abri des injures du temps, & sans nul danger pendant les plus grands orages. L'embouchure en est resserrée entre deux rochers, & rétrécie par trois piles de maçonnerie, qui ne laissent que le passage d'un gros vaisseau, & qui servent à soutenir une chaîne que l'on tend pour fermer l'entrée du port. Elle n'étoit autrefois défendue du côté de la ville, que par la tour *Saint-Jean*, & du côté opposé, que par la tour *Saint-Nicolas*. Mais Louis XIV fit remplacer celle ci par une bonne citadelle qui porte le même nom, & fit fortifier l'autre appellée aujourd'hui le fort *Saint Jean*, & qui est une commanderie de l'ordre de Saint-Jean de Jérusalem ou de Malthe, de la langue de Provence & du grand-prieuré de Saint Gilles.

Non loin de là, est le fort de *Notre-Dame de la Garde*, situé sur une hauteur anciennement couverte de cette forêt *formidable & sacrée*, que Lucain a si bien décrite dans sa *Pharsale*. Ce n'est plus, comme du temps de Bachaumont & de Chapelle, *une méchante masure tremblante, prête à tomber au premier vent*. Les réparations qu'on y a faites, en ont bien changé l'état. Il y a une église célebre par la dévotion des marins. Les murs en sont presque tout couverts des marques de leur reconnoissance envers la Vierge. Ce fort a un point de vue des plus étendus & des plus agréables par la variété des objets. On découvre de cet endroit la ville, toute la campagne, les montagnes voisines, la pleine-mer, la rade de

Marſeille & trois îles, au milieu deſquelles il faut que les bâtimens paſſent pour entrer dans le port.

Ces îles, appellées par les anciens *Stœchades*, ſont au nombre de trois. Les deux premieres, qu'on rencontre en venant par mer à Marſeille, & connues ſous les noms de *Ratoneau* & de *Pomégue*, ſont plus grandes, mais bien moins fortifiées que la derniere. Celle-ci eſt devenue la plus importante, parce qu'elle eſt remplie tout entiere par une fortification que l'on appelle le château d'*If*. Les batteries taillées dans le roc & à fleur d'eau, ſuffiſent ſeules pour arrêter tous les vaiſſeaux qui voudroient pénétrer dans le port. Les tours & les bâtimens qui ſont au-deſſus, ſervent de priſon pour des criminels d'état, & même pour des hommes qui ſe ſont deshonorés par une mauvaiſe conduite. Je ne puis, Madame, réſiſter à l'envie de citer encore ici le même poëte voyageur. Si vos oreilles ſont un peu bleſſées du retour perpétuel des mêmes ſons, vous ne l'admirerez pas moins par rapport à la difficulté qu'il a vaincue.

Nous fûmes donc au château d'*If*.
C'est un lieu peu récréatif,
Défendu par le fer oisif :
De plus d'un soldat maladif,
Qui, de guerrier jadis actif,
Est devenu garde passif.
Sur ce roc taillé dans le vif,
Par bon ordre on retient captif,
Dans l'enceinte d'un mur massif,
Esprit libertin, cœur rétif
Au salutaire correctif,
D'un parent peu persuasif.
Le pauvre prisonnier pensif,
A la triste lueur du suif,
Jouit, pour seul soporatif,
Du murmure non lénitif,
Dont l'élément rébarbatif
Frappe son organe attentif.
Or, pour être mémoratif
De ce domicile afflictif,
Je jurai d'un ton expressif
De vous le peindre en rime en *if*.
Ce fait, du roc désolatif
Nous sortîmes d'un pas hâtif,
Et rentrâmes dans notre esquif,
En répétant d'un ton plaintif :
Dieu nous garde du château d'*If*.

Je rentre, Madame, dans le port. Avant le regne de Louis XII, il étoit sans quai rehaussé, & il n'y avoit que le gravier des deux côtés. Ce prince en fit construire un du côté de la ville sur des pieux, & tout de pierres de taille : il fut considérablement agrandi sous Louis XIII. Le même Louis XII fit élever la muraille qui soutient le quai opposé, appellé de *rive-neuve*. Mais ce quai ne fut bâti que sous le regne de Charles IX. Il est exposé au nord, & la plûpart des vaisseaux de commerce y abordent. Au milieu est le chantier de construction pour les bâtimens marchands. Le reste est occupé par de grands magasins & des manufactures. Les galeres sont amarrées en ligne le long du quai situé du côté de la ville. Celui-ci est exposé au midi, bordé de belles maisons, ainsi que de boutiques très-bien fournies, & carrelé de briques mises verticalement ; ce qui le rend très-propre, même dans les temps de l'année les plus orageux.

Vers le milieu de ce dernier quai, est une place, en face de laquelle on voit l'hôtel de ville. Le dessein de cet édifice, très estimé des connoisseurs, est de Puget. Le *Cavalier*

Bernin, ce fameux peintre, sculpteur & architecte tout-à la fois, après avoir examiné ce dessein, avoua qu'il n'avoit rien vu en ce genre d'un meilleur goût, & donna sur-tout les plus grands éloges à la façade. L'écusson des armes de France, sculpté en marbre, & placé au frontispice, est un très-beau morceau, qui fait l'admiration des étrangers. Les principaux ornemens de cette façade sont plusieurs belles colonnes & pilastres de jaspe, & une balustrade de marbre blanc. Il est fâcheux qu'on y en ait ajouté d'autres depuis quelque temps; comparés avec le ciseau du premier artiste, ils font un contraste choquant. Le rez de chaussée de cet hôtel-de-ville offre une grande salle, qu'on appelle *la loge*: c'est là que s'assemblent journellement les plus riches négocians, pour se voir & pour parler d'affaires. Elle mérite d'être vue, ainsi que la salle consulaire. Parmi les bons tableaux qu'on remarquera dans l'une & dans l'autre, on en distinguera dans la premiere deux qui représentent la peste de 1720, par Serres.

Depuis cette maladie contagieuse on a établi à l'extrémité de ce quai près du fort *Saint-Jean*, le *bureau de la santé*. Les bâtimens qui y arrivent sont obligés d'y produire leurs lettres de voyage, & l'état de santé de leurs équipages. Il faut que je dise, à cette occasion, qu'il y a beaucoup d'hôpitaux à Marseille. Je doute même qu'aucune ville de France, après Paris, puisse en compter un aussi grand nombre; preuve bien sensible de la bienfaisance & de l'humanité des marseillois.

A l'extrémité du port, opposée à son embouchure, est l'ancien arsenal pour les galeres, construit sous le ministere de Colbert. Il est composé de cinq gros pavillons, y compris celui qui sert d'entrée, & au-dessus duquel est l'horloge.

Le nouvel arsenal, fini en 1690, dans l'état ou nous le voyons, occupe une partie du quai de Rive-neuve. La salle d'armes passe pour être la plus belle de l'Europe. Ce sont deux grandes galeries qui se coupent en croix, & dont les murailles sont revêtues de fusils & de mousquetons. On voit d'espace en espace des pyramides de sabres, d'épées, de bayonettes d'une blancheur éblouissante. Des soleils composés de même, c'est-à-dire, de rayons de fer, décorent les plafonds. Aux extrémités de la salle sont de grands trophées de tambours, de drapeaux & d'étendarts, qui paroissent gardés par des représentations de soldats armés de toutes pieces.

Tout mérite d'être vu dans cet arsenal; les atteliers des armuriers, où il y a un grand nombre d'ouvriers occupés, & d'ouvrages estimés en leur genre; les atteliers des peintres, des sculpteurs, des menuisiers, des forges, & celui de serrurerie, où les chef-d'œuvres en ce genre ne sont pas rares; le magasin général de la boulangerie; les magasins des voiles, où plusieurs femmes travaillent aux ornemens des galeres; le magasin de retour, où l'on remet ce qui est hors de service pour ces bâtimens; les magasins du désarmement, qui sont de la plus grande propreté, & où chaque nature d'agrès & d'ustensiles y est distinguée par espaces. Il ne faut pas oublier de voir le jardin qui est très-beau ; les écoles royales d'hydrographie & de construction; la corderie, où se font les cordages de la marine; le nouveau bagne établi par Louis XIV, où sont entretenus deux mille forçats, qui fabriquent les draps & autres étoffes, ainsi que les toiles nécessaires pour les galeres; enfin les bassins où l'on construit ces sortes de bâtimens. C'est un spectacle bien agréable, lorsqu'on y trouve quelque galere qui va être lancée à la mer. Elle est alors soutenue en l'air dans un grand & long bassin, où l'on fait venir l'eau. Quand il y en a en assez grande quantité, la galere se met à flot. On ouvre; elle entre dans le port; & l'eau abat aussi-tôt tout ce qui la soutenoit.

Il y a dans Marseille bien d'autres objets qui peuvent fixer l'attention du voyageur. Tels sont les manufactures d'indienne, de porcelaine & de fayence, les fabriques de savon & les rafineries de sucre. La manufacture royale est pour les étoffes d'or & d'argent.

Les marseillois naissent en général

avec les plus heureuses dispositions pour le commerce. Aussi a t-il toujours été florissant dans leur ville. Il est vrai que nos souverains ont eu soin de l'y encourager : témoin Charles IX qui, en 1566, permit aux gentilshommes marseillois de négocier, sans qu'ils dérogeassent à leur noblesse; pourvû toutefois qu'ils fissent le commerce en gros, & qu'ils ne tinssent pas boutique ouverte. Dans le siecle de ce monarque le commerce de Marseille rouloit sur les mêmes objets d'exportation & d'importation qui le font fleurir aujourd'hui. Le port de cette ville étoit déjà le principal débouché par où passoient tout ce que produisent le sol de la Provence & les manufactures, qui ont toujours été considérables, relativement aux siecles dans lesquels on les a établies. Les marseillois en portent le produit dans toute l'Italie, en Espagne, dans la Grece & les îles de l'Archipel, à Constantinople, dans les ports de la Turquie asiatique, que l'on appelle depuis long-temps *Echelles du Levant* (parce que les vaisseaux passent graduellement de l'un à l'autre); enfin en Egypte & dans la Barbarie. Ils rapportent en retour les marchandises que fournissent ces pays. Voici en peu de mots en quoi consistent les unes & les autres.

La Provence trafique de ses vins, qui cependant n'étoient pas si estimés, il y a deux cens ans, qu'ils le sont aujourd'hui. On étoit persuadé qu'ils n'étoient pas de garde; mais on a éprouvé le contraire. On en transporte dans toute l'Italie; il y en a de rouges & de blancs; les muscats d'auprès de Toulon sont ceux dont on fait le plus de cas. Quoiqu'on ne fasse guere d'eau-de-vie en Provence, il en passe beaucoup par Marseille: elle se débite dans toute l'Italie.

On sait généralement que l'huile d'olive de Provence est très-estimée. Quoiqu'il y ait beaucoup d'oliviers en Italie & en Espagne, on ne laisse pas d'y porter de cette huile, parce qu'elle a des qualités particulieres. Elle est très-grasse, sans aucune mauvaise odeur ni mauvais goût; & si elle est moins bonne que quelques huiles d'Italie, lorsqu'elle est chaude & qu'on

s'en sert pour les ragoûts, elle e
préférable froide; & pour les salade
Les olives entieres se transporter
aussi en France, & même dans de
pays où il y croît des oliviers; parc
que les saumures & les accommoda
ges en sont excellens. C'est par l
même raison qu'on fait en Provenc
un commerce des capres confites a
sel, des figues, des prunes & des rai
sins muscats desséchés, même de
poires, des abricots & des cérise
dans le même état; enfin des an
guilles, des anchoix, du thon &
des œufs d'esturgeons dont j'ai déj
parlé.

Il vient du riz en Provence: mai
les provençaux en tirent plus de Bar
barie qu'ils n'en portent ailleurs. On
peut en dire autant du corail, de l
manne, des drogues & des plante
médicinales, des cannes de sucre, d
certaines épices, & des dattes qui son
le fruit des palmiers.

La laine de notre province se trans
porte, ou crue ou travaillée, dans le
manufactures de draps & dans celle
de bonneterie, dont les ouvrages se
débitent dans le Levant.

La culture de la soie est une des principales de la Provence. J'ai dit ailleurs qu'une partie de ces soies passe à Lyon ; & que dans notre province on emploie le reste à faire des étoffes légeres, telles que les bourcs de Marseille ; de petits satins & pekins, façon de la Chine, des étoffes brochées en or & en argent trait, qui portent le nom de Marseille, & des taffetas, appellés *taffetas d'Avignon*.

Le liege passe de Provence en France. Mais la soude, & le savon qui en provient vont infiniment plus loin, & sont une vraie source de commerce très-lucratif pour ce pays. La soude se recueille sur les rivages du golfe de Lyon, vers l'embouchure du Rhône. Le savon se fabrique à Marseille & à Toulon : on le parfume dans la haute Provence, principalement à Grasse, où l'on en fait des savonnettes.

En revanche de toutes ces productions de son climat & de ses manufactures, la Provence retire bien d'autres marchandises de l'Italie, de l'Espagne & des Echelles du Levant. La chambre du commerce de Marſeille a la direction de celui de ces Echelles. Cette compagnie, créée ſous le miniſtere de Colbert, eſt compoſée des premiers officiers municipaux de la ville, & de douze membres qui entretiennent une exacte correſpondance avec les conſuls du roi dans le Levant, les maiſons de commerce, & ce qu'on appelle la *nation Françoiſe* dans ces pays. Elle paye ſur les produits de ſon commerce les appointemens des conſuls qu'elle nommoit autrefois : mais à-préſent les conſuls ſont propoſés au roi par ſes miniſtres. Les principaux de ces conſulats ſont ceux de Smyrne, de Salonique, de Candie, de l'île de Chypre, d'Alep, du Caire & d'Alexandrie ; ceux des états de Barbarie, Alger, Tunis & Tripoli.

Vers le milieu du ſeizieme ſiecle la France avoit dans le royaume d'Alger un établiſſement conſidérable, connu ſous le nom de *Baſtion de France*. Il y en a eu enſuite un ſecond au Cap-Négre dans le royaume de Tunis. De ces établiſſemens eſt née une compagnie d'Afrique, qui a été réunie à la compagnie des Indes orientales. Marseille entretient toujours de grandes relations avec l'Afrique, d'où elle tire infiniment de secours, surtout en bled & en riz, des curiosités de toute espece, animaux rares & sauvages, &c.

La ville de Marseille ne fait point corps avec la Provence en ce qui concerne les charges. Elle paie séparément les diverses impositions auxquelles elle est soumise. Les loix vivantes de cette ville sont les ordonnances du royaume, la jurisprudence des arrêts, l'autorité de quelques-unes de ses anciennes coutumes, & le droit écrit. Ainsi elle se trouve régie par le droit romain & par le droit françois. Quoiqu'elle soit depuis long-temps du ressort du parlement d'Aix, elle est encore distincte de cette province, dont elle ne suit pas en tout les coutumes.

Outre la sénéchaussée, il y a dans Marseille plusieurs autres jurisdictions subalternes, telles que la jurisdiction des juges-consuls, devant lesquels sont portées les causes de marchand à marchand & pour affaire de commerce, & celle de l'amirauté, où sont jugées les affaires maritimes de toute la côte. Mais la plus remarquable est celle des *Pêcheurs*, qui forment une communauté composée de cinq ou six cens personnes, dont la direction appartient à quatre de ce corps, qu'on élit annuellement le jour de saint Etienne.

Ces quatre magistrats sont appellés *Prud'hommes*. Ils ont le pouvoir d'ordonner ce qui est convenable sur le fait, la forme & l'ordre de la pêche, & jugent souverainement & sans appel à l'exclusion même du parlement d'Aix, tous les différends qui s'élevent entre les pêcheurs pour le même fait. Ils tiennent une espece d'audience dans leur maison commune, le dimanche après-dîné & les autres jours de fêtes. C'est là que l'on voit un beau tableau qui représente la pêche de Louis XIII dans le golfe de Marseille. Ce monarque en effet, étant dans cette ville en 1622, s'y amusa beaucoup à la pêche du thon.

Les parties elles-mêmes plaident devant ces juges en langue provençale, sans l'intervention de procureurs ni d'avocats. Celui qui a quelque plainte à faire, se présente devant les juges, expose le fait, & consigne deux ou trois sols dans la bourse commune. Alors les prud'hommes font assigner par leur huissier la partie adverse, qui est obligée à une pareille consignation. Sur leurs siéges, ils sont en manteau & en petit chapeau de velours. Mais dans les cérémonies d'éclat, ils sont en corset, ayant le haut-de-chausses & les souliers à l'antique, la fraise, le petit manteau & des pleureuses au lieu de manchettes; les cheveux ronds, une toque de velours noir, & une longue & large pertuisanne sur l'épaule: ils sont suivis d'une compagnie de pêcheurs sous les armes. Leur jurisdiction s'étend depuis le cap de l'Aigle, près de la Ciotat, jusqu'au cap Couronne près du Martigues. Il seroit bien difficile de découvrir en quel siecle elle fut établie. Son origine se perd dans les temps les plus reculés. On a trouvé un titre de l'an 1349, qui donne aux prud'hommes la qualité de consuls. C'est ce qui a fait croire que leur jurisdiction est une émanation du consulat maritime, dont l'institution remonte au temps des empereurs romains.

Vous êtes sans doute surprise, Madame, de ce que je ne vous ai point fait connoître les antiquités de Marseille. Elle a conservé très-peu de monumens de son ancienne splendeur. Il est vraisemblable qu'ils ont été détruits par les barbares, qui ont tant de fois désolé & saccagé cette ville, ou qu'ils ont été employés à rétablir les édifices publics, ruinés par ces peuples féroces ou par les outrages du temps. Quoi qu'il en soit, on trouve bien souvent en creusant la terre des statues de différentes matieres, ainsi que des tombeaux, dont plusieurs sont des temps qui ont précédé Jesus-Christ; d'autres des premiers siecles de notre Ere, & les derniers des temps où les sarrasins étoient maîtres de la Provence. On y a découvert aussi des tombeaux & des urnes de plomb, de brique & de verre murrin, les uns remplis d'ossemens, & les autres des cendres des corps qu'on brûloit; de même que des laines d'airain; des lampes sépulcrales, des larmoirs, des médailles, &c.

Quant au tombeau que plusieurs écrivains ont appellé le *tombeau d'Annius Milon*; Ruffi remarque que ce romain célebre mourut, non à Marseille où il avoit été relégué, mais en Calabre. Ainsi ce monument n'est autre chose, selon cet historien, qu'un cénotaphe (c'est un tombeau vuide) que les marseillois éleverent à la mémoire de Milon.

Marseille a deux colleges qui sont très fréquentés. J'ai déja parlé de son ancienne académie, cette rivale d'Athenes, & qu'on appelloit alors l'école du Ciel & de la Terre, parce qu'on y venoit de tous les pays pour s'instruire. C'est dans son sein que se formerent une infinité de grands hommes en tous les genres de sciences. Les plus connus d'entre ceux qui naquirent à Marseille sont *Pythéas* & *Euthyménes*, habiles astronômes & savans géographes. Ils existoient tous les deux environ trois cent vingt ans avant Jesus-Christ; & allerent tenter de nouvelles découvertes, le premier dans le nord, & l'autre au midi. Pythéas étant parti de Marſeille, paſſa le détroit, parcourut les côtes de Portugal & de l'Eſpagne (pour me ſervir des expreſſions modernes), cingla vers la Gaſcogne & la Bretagne, qu'il doubla pour entrer dans la Manche; & après avoir paſſé les îles de Schetland, il jetta l'ancre devant celle de Thulé (aujourd'hui l'Iſlande) : il pénétra enſuite dans la mer Baltique juſqu'à l'embouchure d'un fleuve qu'il nomma *Tanaïs*, & qu'on croit être la Viſtule. Il obſerva qu'à meſure qu'il s'avançoit vers le pole Arctique, les jours s'allongeoient au ſolſtice d'Eté, & qu'à l'île de Thulé le ſoleil ſe levoit preſqu'auſſi-tôt qu'il s'étoit couché; ce qui arrive en Iſlande & dans les parties ſeptentrionales de la Norvége.

En ce même temps *Euthymènes* naviguoit vers le ſud; il parcourut les côtes occidentales de l'Afrique juſqu'au-delà du Sénégal, cherchant peut-être à parvenir juſqu'au cap de Bonne-Eſpérance, que les Phéniciens avoient doublé plus de ſix cents ans avant l'Ere chrétienne.

Petronius Arbiter, connu ſous le

nom de Petrone, naquit à Marseille Il fut un des principaux confidens de Néron, & comme l'intendant de ses plaisirs. C'est l'auteur de cette fameuse satyre, dans laquelle il a dépeint, d'une façon très-libre, mais très-ingénieuse, les désordres de la cour de cet empereur, & les mœurs dépravées de son temps. Il a encore laissé un *poëme de la guerre civile* entre *Cesar & Pompée*, plein de feu & d'enthousiasme, & remarquable par une peinture fine des vices des romains & des défauts de leur gouvernement.

On ne sait en quel siecle vivoit la vertueuse *Hemithéa*, qu'on ne doit certainement pas moins admirer que Lucrece. C'étoit une des plus belles femmes de son temps; & l'épouse de Marsidius, citoyen distingué de Marseille. Un jeune homme qui la vit dans une fête publique, conçut pour elle la plus violente passion. Il saisit le moment où cette femme se trouvoit seule, & voulut satisfaire ses desirs criminels. Hemithéa feignant d'y consentir, se jette adrbitement sur l'épée que portoit ce jeune homme, se frappe, & expire en disant qu'elle aime mieux s'arracher la vie que de manquer à la foi conjugale. Sur ces entrefaites Marsidius arrive: informé de cette horrible catastrophe, il se perce de la même épée sur le corps sanglant de son épouse.

A l'égard des hommes célebres que Marseille a produits depuis près deux siecles, les plus connus, sont *Honoré d'Urfé*, auteur de l'*Astrée*, roman pastoral, qui fit pendant plus de cinquante années la folie de toute l'Europe, & où sous un voile ingénieux on trouve un tableau des galanteries de la cour de Henri IV.

Antoine de *Ruffi*, qui a laissé une histoire de Marseille, la meilleure de toutes pour les recherches & l'exactitude. Elle ne va que jusqu'en 1610. La suite est de Louis *Ruffi* son fils.

Pierre *Puget*, peintre, sculpteur & architecte. Il cultiva ces trois arts avec un égal succès. Ce fut lui qui inventa, pour orner les vaisseaux, ces belles galeries que les étrangers ont tâché d'imiter. Au reste, j'ai oublié de dire en parlant des monumens modernes, qu'à la consigne de Marseille on voit le fameux bas-relief de la peste de Milan, par cet artiste; morceau plein d'énergie & d'expression.

Jules *Mascaron*, prêtre de l'Oratoire, & successivement évêque de Tulle & d'Agen, prédicateur justement applaudi à la cour de Louis XIV, & encore aujourd'hui admiré dans son *Oraison funebre de Turenne.*

Le P. *Plumier*, religieux minime. Après s'être appliqué aux mathématiques, il s'adonna à la botanique. Louis XIV instruit de son mérite le gratifia d'une pension, & l'envoya en Amérique pour rapporter en France les plantes; dont on pourroit tirer plus d'utilité pour la médecine. Ce savant y fit trois différens voyages, & en revint toujours avec de nouvelles richesses. On a de lui plusieurs ouvrages sur la botanique très-estimés.

Le P. *Feuillée*, du même ordre, qui cultiva la même science, & entreprit aussi, par ordre de Louis XIV, plusieurs voyages dans les différentes parties du monde. Au retour de la mer du Sud, il présenta à ce monarque un grand volume in-*folio*, où il avoit dessiné d'après nature tout ce que ce vaste pays contient de plus curieux. Cet ouvrage intéressant est en original dans la bibliotheque du roi, de même que le *journal de son voyage aux Canaries*, pour la fixation du premier méridien.

Le P. *Croiset*, jésuite, auteur de plusieurs ouvrages ascétiques, bien propres à entretenir la piété des fideles.

Claude-Mathieu *Olivier*, qui parut avec éclat dans le barreau; & qui nous a laissé une excellente *histoire de Philippe, roi de Macédoine, & pere d'Alexandre-le-Grand*. Il y a peu d'écrivains, il n'y en a peut-être aucun qui ait développé aussi-bien que lui l'histoire du siecle de ce monarque, les intérêts des peuples de la Grece, leurs mœurs & leurs coutumes.

Cet estimable citoyen de Marseille contribua beaucoup à l'établissement de la nouvelle académie des sciences & belles-lettres, dont l'ouverture se fit le 23 d'avril 1727. Le maréchal de Villars,

Villars, son protecteur, lui assigna par un acte une rente annuelle de trois cents livres, à prendre sur la principauté du Martigues, & pour être employée à une médaille d'or qui seroit adjugée tous les ans *alternativement* à un ouvrage en prose, ou à une piece de poésie, sur un sujet proposé par cette académie.

Le climat de Marseille est pur & beau, quand il n'est point altéré par le *mistral*, ce vent impétueux & froid, dont j'ai déja parlé. Les jours de l'hiver y ressemblent alors aux beaux jours du printemps. *Ruffi*, dans son histoire de Marseille rapporte que l'hiver de 1506 fut si tempéré, qu'au mois de janvier les arbres du territoire de cette ville étoient aussi avancés qu'ils ont coutume de l'être au mois de mai. Le bled-froment, l'orge & le seigle avoient déja formé leurs épis & poussé leurs tuyaux jusqu'à leur juste hauteur. Mais l'année suivante l'hiver fut si rigoureux par ce vent du *mistral*, que le port se trouva gelé jusqu'à la chaîne avec tant de solidité, qu'on pouvoit y passer dessus sans nul danger, & que les oiseaux ne pouvoient vivre dans leur élément.

L'étendue du diocèse n'est pas proportionnée à celle de la ville : il ne contient en tout que trente paroisses ; mais elles sont très-peuplées. Le territoire a cinq lieues de Provence dans sa plus grande longueur, & deux & demie dans sa plus grande largeur. Il est arrosé de la riviere de Veaune ; de celle de Jarret ; de plusieurs ruisseaux & d'une infinité de sources. Ce terroir est naturellement stérile ; & cependant il abonde en toutes sortes de productions. Les soins des cultivateurs, en forçant, pour ainsi dire, la nature, ont changé la qualité du sol à force d'engrais ; de sorte qu'on peut dire que c'est une espece de jardin continu, varié de prairies ; de vignobles & d'arbres fruitiers. Mais l'excellent froment qu'on y recueille, ne suffit point pour la subsistance des habitans.

Ce qui rend encore très-agréables les environs de Marseille, c'est ce nombre prodigieux de *bastides* ou maisons de campagne, qui contigues les unes aux autres, paroissent former une ville d'une étendue immense. Sur la route d'Aix à Marseille, & à l'extrémité du territoire de cette derniere ville, il est un endroit appellé *la viste*, ou *la vue*; d'où l'on découvre toute la campagne, une partie de la ville & la pleine mer. Quel tableau frappant! Quelle riante perspective! C'est une des plus belles qu'on puisse imaginer, sur-tout une ou deux heures avant le coucher du soleil. Représentez-vous, Madame, cet astre dardant obliquement ses rayons sur la mer, où ils sont réfléchis comme sur une glace, & qui laissent voir dans leur vrai jour mille bateaux épars, les vaisseaux qui font voile vers le levant, & ceux qui en arrivent; une vaste plaine agréablement diversifiée par le vert nuancé des moissons, des vignes & des oliviers; une riviere bordée d'arbres, de jardins & de prairies; cette verdure, dont la terre est couverte pendant huit mois de l'année, relevant encore davantage la blancheur éclatante des *bastides*; enfin tous ces objets couronnés par des montagnes nues, des rochers arides, qui contrastent si merveilleusement avec les productions variées dont cette campagne enrichit ses habitans; & vous n'aurez qu'une foible idée du plus beau spectacle, que la nature puisse offrir dans notre province aux regards du voyageur.

A quelque distance de Marseille, du côté de Saint-Victor & de Notre-Dame de la Garde, il y a plusieurs grottes ou *baumes*, qui renferment des *stalactites*. Ce sont des pierres ou concrétions pierreuses, qui se forment dans les souterrains : elles ressemblent aux glaçons qui s'attachent en hiver aux toits des maisons. Celles qu'on voit dans la grotte appellée la *baume de roland*, sont les plus brillantes & les plus singulieres. Mais avant d'arriver à cette caverne, il faut se traîner le long d'un sentier, où la clarté du jour ne pénetre point, & à côté d'un précipice, dont on ne connoît pas le fond.

En suivant la côte, on trouve *Cassis*, ville médiocre qui dépend de la baronnie *d'Aubagne*, dont l'évêque de Marseille est seigneur. Elle a un petit port situé entre des rochers qui paroissent avoir été taillés, pour que les bâtimens y trouvassent un sûr abri contre le mauvais temps. On pêche le corail tout auprès.

La Ciotat est une ville plus considérable, & le port en est plus grand. Il en sort beaucoup de petits bâtimens, tant pour la pêche que pour le commerce & la course : il n'est pas même rare que l'on y en construise. Près de la Ciotat, est le village de *Cereste*, où l'on voit une tour dont on fait remonter l'ancienneté jusqu'au temps de César. Les environs de ces trois petites villes ou bourgs sont agréables. Le terroir y abonde en fruits excellens & en bons vins muscats. *Bachaumont* & *Chapelle* ont dit que la Ciotat sur-tout est fameuse.

> Pour ce muscat *adorable*
> Qu'un soleil proche & favorable
> Confit dans les brûlans rochers.

Les habitans de nos provinces méridionales, qui connoissent d'autres vins de la même espece, ont trouvé cette expression un peu outrée. Mais ils auroient dû la passer à des poëtes.

F 3

Entre Aix, Marseille & Toulon, est la *Sainte-Baume*. C'est une montagne de rochers, sur laquelle il y a une grotte où, suivant la tradition du pays, sainte Magdeleine se retira, & où elle passa trente années dans la pénitence & les austérités. Elle est à 469 toises au-dessus du niveau de la mer. On n'y arrive qu'après avoir grimpé sur la montagne, en faisant une partie du chemin à cheval, & le reste à pied. L'endroit de la grotte où la sainte faisoit ses prieres, a été transformé en une chapelle entourée de grilles de fer, & éclairée nuit & jour par un grand nombre de flambeaux. Derriere l'autel, coule une fontaine d'eau claire & fraîche qui ne tarit jamais. A côté de la chapelle, est un couvent de dominicains, suspendu au milieu d'un rocher taillé à pic, & d'une élévation qui fait frémir, quand on regarde du haut des fenêtres. Il fut fondé par Charles, prince de Salerne, qui fut depuis roi titulaire de Sicile, & comte de Provence sous le nom de Charles II.

Plus haut que cette chapelle, & à 35 toises, est la pointe de la montagne, où le *saint Pilon.* C'est là qu'on prétend que la sainte pénitente étoit élevée sept fois le jour par les anges. On ne parvient qu'avec la plus grande peine à la chapelle qui occupe cette cime du rocher. Mais aussi quand on y est arrivé, de quel spectacle n'y jouit-on pas! Ici le précipice ouvert au-dessous, du côté du Nord; la montagne taillée à pic dans une élévation de 60 toises sur une largeur considérable; quelques arbustes suspendus aux fentes du rocher, & au bas, des masses énormes de pierres qui se sont détachées de la montagne: dans la plaine, une forêt magnifique, dont les arbres antiques forment une espece de berceau; au nord, plusieurs chaînes de montagnes qui s'élevent graduellement les unes sur les autres, & qui étonnent par leur hauteur; au midi, la pleine mer, sur le bord de laquelle on voit le lac de Berre, l'embouchure du Rhône, & un peu plus haut le cours de la Durance; en un mot presque toutes les villes de la Provence, qu'on découvre, offrent à la vue un tableau admirable dont elle ne peut se rassasier.

Cette Sainte-Baume est assurément un lieu bien digne de la curiosité des voyageurs, indépendamment du motif de dévotion qui y attire une foule de pélerins. Les temps sont bien changés, Madame. Autrefois, les têtes couronnées alloient le visiter. On y a vu en 1516, la mere de François I, la reine, son épouse, & la duchesse d'Alençon, sa sœur; en 1517, la duchesse de Mantoue avec une suite nombreuse; en 1533, Eléonore d'Autriche, seconde femme de François I; le Dauphin, les ducs d'Orléans & d'Angoulême; en 1660 Louis XIV; le duc d'Anjou, son frere; la reine mere, & une partie de la cour. Aujourd'hui, ce pélerinage est abandonné à la dévotion des gens de la campagne, ou des habitans des villes, qui composent la derniere classe des citoyens. On m'a assuré qu'il y a peu de personnes parmi le peuple, qui s'en dispensent la premiere année de leur mariage, & que, si ce voyage n'est pas stipulé dans le contract, il est du moins regardé comme une preuve de la tendresse des époux pour leurs femmes.

Je ne fermerai point cette lettre, Madame, sans vous donner un conseil, si vous avez jamais envie d'aller de Marseille à Toulon ; c'est de suivre la route qui y conduit par Aubagne. Vous jouirez tout le long de la riviere de Veaune, du coup d'œil le plus agréable que puissent offrir des prairies verdoyantes, une infinité de maisons de campagne, & des vignes qui s'élevent en amphithéâtre sur les côteaux voisins. N'entreprenez cependant pas ce voyage quand le mistral souffle; vous en seriez fort incommodée, parceque ce vallon se trouve dans la direction de ce vent. Je dois dire encore que les murailles qui bordent le chemin, vous cacheront d'abord la moitié de ces objets champêtres. Mais lorsque vous serez à *Saint-Marcel*, votre vue se dégagera du milieu de ces murailles, & le vallon se découvrira dans toute sa beauté. A l'extrémité de ce terroir & de celui d'Aubagne, en voyant le fief de *la Renarde* sur la rive droite de la riviere, vous verrez un des plus beaux lieux de la Provence; un peu plus loin la petite ville d'*Aubagne*, où l'on fait d'excellente malvoilie ; & en avançant, la plaine de *Gémenos*, couverte de moissons, d'oliviers, de vignes ; de figuiers, de pêchers, d'amandiers, &c.

Vous arriverez ensuite à *Saint-Pons*. où des beautés d'un autre genre frapperont vos regards ; petite ville peu distante de Gémenos, & située dans des montagnes qui bornent cette plaine du côté du nord. Vous y monterez par un vallon resserré entre deux collines dont l'aspect est très-sauvage, mais le long duquel regne une très-belle prairie. Vous y verrez quatre fabriques de papier, deux martinets, un fouloir pour des bonnets de laine tricotés à l'usage des turcs, trois moulins à farine & un à huile. Enfin vous trouverez, après les villages de *Cujes* & de *Signe*, les Vaux d'*Olioules*, où j'avoue qu'il est très-désagréable de voyager dans un beau jour d'été, à cause des rochers arides qui brûlent le voyageur par la forte réverbération des rayons d'un soleil ardent. Ce passage pourra vous donner une idée du pas des termopyles ; & quand vous y ferez, vous concevrez sans peine comment trois cents hommes peuvent en arrêter trois cent mille.

Je suis, &c.

A Avignon, ce 18 Octobre 1759.

LETTRE CCCLXXXV.

Suite de la Provence.

VOus venez de franchir, Madame, le passage d'*Olioules* (village du diocèse de Toulon, ainsi nommé, comme on le croit, à cause de la grande quantité d'oliviers qui croissent dans son terroir); & il se découvre aussi-tôt à votre vue un vallon, où la nature étale toutes ses richesses; jardins charmans, vertes prairies qui le tapissent; vignes, arbres fruitiers de plusieurs especes qui parent le coteau. Mais élevez vos regards, vous verrez la plus affreuse stérilité régner sur la cime de ces montagnes. C'est ainsi qu'en Provence tout est contraste dans le physique, & souvent même, comme vous le savez, dans le moral.

Les environs de Toulon, dont ce village n'est éloigné que d'une lieue, présentent en certains endroits des aspects beaucoup plus rians, soit dans leur ensemble, soit par les arbres fruitiers de toutes les especes dont ils sont couverts. Cette ville est dans une situation admirable, exposée au midi, & défendue au nord par des montagnes qui semblent toucher les cieux. Elle a été suivant l'opinion commune, fondée par un général romain, nommé *Telo martius* : c'est sous le nom de *Telo* ou *Tolo* qu'Antonin fait mention de Toulon dans son *Itinéraire*.

Il existoit anciennement, à quelques lieues sur la côte, une ville nommée *Tauroentum*, bien plus considérable : mais il n'en reste plus aucun vestige. Cette ville a été confondue mal-à-propos par quelques-uns de nos vieux auteurs avec Toulon. Ce qui les a induits en erreur, c'est que dans l'évêché & plusieurs autres endroits de cette derniere ville, on a vu & l'on voit encore des inscriptions & bas-reliefs qui portent le nom de *Tauroentum* : mais ces monumens y ont été transportés de plus loin.

On prétend que du temps des empereurs romains, il y avoit à Toulon une teinturerie pour les étoffes qui servoient à l'usage de ces monarques. Rien n'est plus vraisemblable : j'ai déja dit qu'on trouve en abondance dans ses environs le *kermès* ou vermillon d'insectes, & la fameuse coquille appellée par les anciens *Murex*, qui fournissoit la matiere nécessaire pour la teinture en pourpre. Cette ville fut détruite par les sarrasins vers la fin du dixieme siecle. Elle sortoit à peine de ses ruines, lorsqu'elle fut pillée par des pirates africains, qui ne cesserent depuis de faire, mais inutilement, de nouvelles tentatives pour s'en rendre les maîtres. En 1524, elle étoit encore sans défense ; & le connétable de Bourbon, commandant les troupes impériales, s'en empara bien aisément. En 1536, elle tomba avec la même facilité sous le pouvoir de Charles-Quint, qui établit sa flotte dans la rade. Mais dans le siecle suivant, elle étoit déja fortifiée : aussi résista-t-elle à Charles-Emmanuël duc de Savoie. Elle soutint en 1707 un siege des plus vigoureux de la part des troupes allemandes, angloises, hollandoises

& savoyardes, commandées par le prince Eugéne, qui échoua dans cette entreprise.

Toulon est une assez grande ville qu'on divise en *quartier vieux* & en *quartier neuf.* Le premier n'est généralement ni bien bâti ni bien propre. Il n'y a rien qui mérite d'être remarqué, si vous exceptez la *rue aux arbres*, qui est une espece de cours, & l'hôtel-de-ville où l'on voit à la porte d'entrée deux termes qui soutiennent le balcon : ce sont des chef-d'œuvres de Puget. Le quartier neuf forme, pour-ainsi-dire, une seconde ville, qui, outre les magnifiques ouvrages que Louis XIV y a fait élever, renferme plusieurs belles maisons, sur lesquelles le séminaire mérite sans contredit la préférence. Il y a une place publique qui est un carré long bordé d'arbres, où les troupes font leurs exercices.

Je ne crois pas qu'il soit possible de jouir d'un coup-d'œil plus frappant que celui du port, toujours rempli de gros vaisseaux de guerre, & d'autres de toutes grandeurs. On le distingue aussi, relativement aux deux quartiers de la ville, en *port vieux* & en *port neuf*. Un beau quai regne au fond du premier; c'est là qu'est situé l'hôtel de-ville. Les deux môles qui l'enveloppent, ont été commencés sous Henri IV, aussi-bien que les fortifications de terre, en 1594, & achevées en 1496. Mais le *port neuf* est l'ouvrage de Louis XIV; & c'est sous ce grand roi, que Toulon est devenu le chef-lieu de la marine de France dans la Méditerranée. Les deux corps d'officiers des vaisseaux du roi, tant d'épée que de plume, y ont été placés.

L'arsenal fait l'admiration des voyageurs; & il faut avouer que rien n'est plus capable d'exciter leur curiosité. Il est composé de tous les lieux qui sont nécessaires pour la construction & l'ornement des vaisseaux. La corderie, faite sur les desseins de Vauban, & bien digne de sa réputation, est surprenante pour sa longueur, toute voûtée & à perte de vue. On y fait les cables; & dans l'étage de dessus, une infinité d'ouvriers préparent les filaces & les chanvres. Les écoles des gardes de la marine servent à les faire travailler aux mathématiques, au dessein, à voltiger, à faire des armes, & à vaquer aux autres exercices qui leur conviennent. La salle d'armes est un grand magasin, où se sont les mousquets, fusils, pistolets, hallebardes & autres choses nécessaires aux ornemens des vaisseaux. La Sainte-Barbe est un autre magasin destiné pour tous les ustensiles des canoniers. L'artillerie est aussi dans le meilleur ordre qu'on puisse le desirer. Les lieux où l'on fait la menuiserie & la tonnellerie, sont très-vastes, & renferment un nombre infini de futailles pour embarquer les vivres & les boissons.

On se rend de-là au parc de l'artillerie, où les canons mis en piles, un nombre infini de bombes, de grenades, de mortiers, de boulets à deux têtes & de différentes espèces, sont tous rangés dans un ordre dont la vue est bien agréablement flattée. Le tour du canal qui environne ce parc, est bordé d'ancres; & c'est delà qu'on découvre les forges & les cyclopes qui battent le fer. Si vous entrez dans la longue salle des voiles, vos yeux s'égareront ſur la quantité des choſes néceſſaires à un vaiſſeau, & ſur le nombre infini des ouvriers qui y travaillent. Enfin ſi l'on eſt curieux de voir tout ce qui compoſe cet admirable arſenal, un des plus beaux ſans doute de toute l'Europe, on montera au-deſſus de la ſalle des voiles, où l'on poiſſe les cables & où l'on y met le goudron.

La fonderie des canons mérite auſſi l'attention du voyageur. Il ne ſera pas peu ſatisfait d'y diſtinguer toutes les choſes néceſſaires pour fondre le métal, & pour mettre les moules en état de recevoir la matiere. Quant à la boulangerie royale & aux fours, on peut les voir en paſſant. Mais il ne faut pas oublier d'aller enſuite au chantier de conſtruction. Rien de plus curieux ni de plus ſurprenant que de voir lancer à l'eau quelque vaiſſeau. Cette maſſe terrible n'eſt ſoutenue que par quelques pieces de bois, qu'on nomme en terme de marine, *épontilles*. On les ôte ſucceſſivement. Elle porte enfin ſur ſon propre poids dans un lit de madriers enduits de graiſſe.

Alors un homme fort leste abat un pieu qui retient encore le navire. Aussi-tôt la machine part avec une rapidité incroyable, & va prendre sa place dans la mer, où l'on auroit cru qu'elle devoit être engloutie. Témoin de ce spectacle qui ne dure qu'un quart-d'heure, je n'ai pas été surpris que notre poëte languedocien ait dit en style figuré :

Au bruit des cris perçans qui s'élevent dans l'air,
La machine s'ébranle, & fond comme l'éclair.
Tout s'éloigne, tout fuit; de sa route enflammée
Le matelot tremblant respire la fumée.
Le rivage affaissé semble rentrer sous l'eau.
L'onde obéit au poids du rapide vaisseau.
La mer, en frémissant, lui céde le passage;
Il vole, & sur les flots que sa chûte partage,
De ses liens rompus dispersant les débris,
S'empare fierement des gouffres de Thétis.

Toulon est une place forte, imprenable par mer. L'entrée de son port est si étroite, que les vaisseaux n'y peuvent entrer qu'un à un : elle est d'ailleurs défendue par plusieurs bonnes batteries revêtues & bien munies de canons.

La rade est une des plus grandes & des plus sûres qu'il y ait dans la méditerrannée. On la distingue en grande & en petite rade. Louis XII fit construire au bord de la mer de la grande rade la *grosse tour* que nous y voyons, & qui ne fut mise en l'état où elle est à présent que sous le regne de François I. Cette grosse tour est à deux mille cinq cents toises de distance du vieux port, entre la petite & la grande rade, à la pointe de laquelle, & à pareille distance du port, est la tour nommée l'*Aiguillette*, construite sous Louis XIV, & qui ferme, avec la grosse tour, le passage de la petite à la grande rade, dont le feu des canons se croise.

Il y a sur la même ligne de l'Aiguillette, à deux cent cinquante toises de distance, la tour de *Balaguier*, dite *la petite tour*, qui avec la *tour des vignettes*, dite le *Fort-Louis*, bat par-tout la grande rade. Outre ces fortifications, on voit encore depuis la grosse tour, en suivant la côte jusqu'au *Cap de Quarqueranne*, des batteries de distance en distance, pour en défendre les approches. Parmi ces ces batteries, entre Quarqueranne & le Cap, est le Fort nommé

Sainte-Marguerite, que le Duc de Savoie fit en partie démolir en 1707.

De l'autre côté, depuis la tour de *Balaguier*, en suivant la terre jusqu'au *cap Sepet*, on rencontre d'abord le *Lazaret*, qui sert d'infirmerie pour y faire faire quarantaine aux bâtimens & aux équipages qui viennent du Levant & de Barbarie. On voit ensuite *le creux Saint-George*, qui est un bon mouillage pour les galeres & les petits bâtimens. A quelque distance de là, est l'*hôpital de Saint-Mandri*, où l'on met les malades des équipages des vaisseaux & autres bâtimens du roi, qui viennent de voyage, lorsque le nombre en est considérable. Depuis cet hôpital jusqu'au *cap Sepet*, il y a huit batteries de canons & de mortiers. Il y en a encore quatre autres pour défendre deux plages où sont des retranchemens. Deux magasins à poudre pour la marine ont été construits sur la côte entre Toulon & le bourg de *la Seine*: l'un est isolé, & l'autre sur le bord de la mer.

Après la levée du siege de Toulon

en 1707, Louis XIV avoit entrepris de faire fortifier les dehors de cette place. Les malheurs des temps furent un obstacle à la perfection des divers ouvrages commencés. Ainsi les fortifications de la ville consistent aujourd'hui en neuf bastions qui sont faits. Mais de toutes les demi-lunes qu'il doit y avoir au nombre de huit, celle de la porte de France & celle de la porte vieille, sont les seules qui aient été élevées jusqu'au cordon. Les murs du côté de la mer sont en bon état. Outre les demi-lunes, il doit y avoir, suivant le projet, dix contre-gardes; le fort de *la Malgue* à achever; celui de *Sainte-Anne* avec les communications à faire, & une redoute à gauche du vallon de *Saint-Antoine*. Si tous ces ouvrages étoient finis & perfectionnés, cette ville seroit en état de faire une résistance assez longue, pour lasser peut-être l'ennemi le plus opiniâtre.

Quant au côté de la mer, on ne craint pas d'y être jamais attaqué. Il seroit impossible aux bâtimens chargés de l'entreprise de résister au feu du canon auquel ils seroient exposés, parce que tout le front des deux ports est percé d'embrâsures, & disposé pour recevoir l'artillerie; de maniere que ce port est à couvert de toute insulte.

L'évêché de Toulon, suffragant, comme celui de Marseille, de l'archevêché d'Arles, n'est pas d'une grande étendue: il n'a que 20 à 25 paroisses. *Honorat* ou *Honoré*, qui vivoit l'an 451 est le plus ancien évêque de cette ville, que l'on connoisse. Depuis ce temps, il y a bien des lacunes dans la liste de ses successeurs; & à compter du moment où on les connoît tous, on n'en trouve aucun qui ait fait des choses bien remarquables. Cette ville n'a eu pendant fort long temps qu'une seule paroisse. Mais elle a été si considérablement augmentée sous le regne de Louis XIV, qu'on en a établi une autre sous l'invocation de *Saint-Louis*. Il y a environ dix maisons religieuses soit d'hommes soit de filles, & trois hôpitaux, parmi lesquels on doit distinguer *l'hôpital général de la Charité*, asyle ouvert à toutes sortes de pauvres, de tout âge & de tout sexe, qui ne sont pas malades. On les y fait travailler dans une manufacture de *pinchina*, espece d'étoffe assez commune, mais qui a un grand débit.

Il n'est pas étonnant que la ville de Toulon ne soit pas aussi peuplée qu'on seroit peut-être porté à le croire. La peste y a fait si souvent de si cruels ravages! trois fois dans le quinzieme siecle, en 1418, 1461 & 1476; une fois dans le seizieme, en 1587; quatre fois dans le dix-septieme, en 1621, 1630, 1647, & 1664; enfin une fois dans le siecle présent, 1720. Les effets de cette derniere peste ont été terribles; mais depuis cette malheureuse époque, on a pris toutes les mesures nécessaires pour prévenir ce fléau. On y compte aujourd'hui deux mille quatre cents maisons.

Aussi-tôt que Toulon a reçu le nom de ville, l'administration politique & économique a été entre les mains des consuls. Quand ce n'étoit qu'un bourg ou une bourgade, il dépendoit des vicomtes de Marseille. Ceux-ci

Ceux ci ayant vendu leurs droits à la ville de Marseille même, le territoire de Toulon & autres furent cédés aux comtes de Provence, & passerent de ceux-ci à nos rois. Henri IV déclara, en 1596, les consuls de Toulon, lieutenans-de-roi de la ville. Ils conservent encore ce titre, & exercent les fonctions qui y sont attachées, en l'absence du gouverneur ou du commandant militaire en chef.

Après ce que je viens de vous dire, Madame, de la ville de Toulon, vous jugez sans doute qu'elle est presque toute militaire. Mais ne pensez pas pour cela que le commerce y languisse. Il y est aussi florissant qu'il puisse l'être en raison du nombre de ses habitans. Je crois qu'ils naissent en général avec des inclinations qui les portent à courir les mers, si ce n'est comme guerriers, du moins comme commerçans. Ils en donnent une preuve sensible jusques dans leurs amusemens mêmes : témoin ce spectacle assez divertissant qu'il n'est pas rare de voir sur le port : c'est une espece de joûte qu'on appelle *targue.* On arme plusieurs bâtimens, sur lesquels on met horisontalement une planche large de neuf à dix pouces, & d'environ quatre pieds de saillie. Le champion qui doit joûter, est debout sur l'extrémité de cette planche & en caleçon, tenant de la main droite une lance sans pointe, & de la gauche une espece de bouclier qu'on nomme *targue.* Les bâtimens portant chacun leurs combattans, vont les uns contre les autres à force de rames, & au bruit des trompettes. Les combattans se couvrent de leurs *targues*, & se présentent leurs lances pour se culbuter dans l'eau. Celui qui en renverse davantage sans s'ébranler, remporte le prix.

Les savans ou les littérateurs célebres que Toulon a produits sont en très-petit nombre. Il me suffira de nommer Louis *Ferrand*, avocat, très-versé dans la connoissance des langues & de l'antiquité. Je passe sous silence le P. *Serry*, dominicain, qui n'a traité que des matieres théologiques, aujourd'hui totalement oubliées.

Dans la notice des grands hommes que la ville de Marseille à donnés à la France, je n'ai point parlé d'un célebre guerrier qui y reçut le jour. Je m'étois réservé à vous le faire connoître ici, parce que Toulon a été en partie le théâtre de sa gloire. Il y commandoit la marine, lorsque *Chapelle* & *Bachaumont* vinrent dans cette ville. Nous y trouvâmes, disent-ils, M. le chevalier *Paul*, qui par sa charge, par son mérite & par sa dépense est le premier & le plus considérable du pays.

> C'est ce *Paul*, dont l'expérience
> Gourmande la mer & le vent,
> Dont le bonheur & la vaillance
> Rendent formidable la France
> A tous les peuples du levant.

La mere de cet homme extraordinaire étoit une lavandiere, qui s'étant embarquée à Marseille pour aller au château d'If, dans le temps où elle étoit fort avancée dans sa grossesse, fut si agitée par une violente tempête, qu'elle accoucha dans le bateau. Paul commença par être mousse, & s'éleva ensuite par ses belles actions au grade de chevalier de justice dans l'ordre de Malthe & à celui de vice-amiral en France. J'admire assurément ses grands exploits, ses victoires éclatantes qui lui valurent de si glorieuses récompenses. Mais j'admirerai encore davantage le trait suivant. Un jour qu'il passoit sur le port de Marseille, accompagné des officiers des galeres & des principaux gentilshommes de cette ville, il démêla dans la foule, qui étoit accourue pour le voir, un matelot qui peut-être n'osoit pas se montrer. A peine le chevalier *Paul* l'eût reconnu, qu'il s'approcha en lui disant : » Pourquoi » me fuyez-vous? Croyez-vous que » la fortune m'ait fait oublier mes » amis » : ensuite se retournant vers les personnes de sa suite : » Messieurs, » leur dit-il, voilà un de mes cama- » rades : nous avons été mousses sur » le même vaisseau : la fortune m'a » été favorable ; elle lui a été con- » traire ; je ne l'en estime pas moins; » souffrez que je m'entretienne un » moment avec lui ». Il s'entretint amicalement avec le matelot, & lui procura, peu de temps après, un petit emploi, qui le mit en état de vivre honnêtement avec sa femme & ses enfans.

Le territoire de Toulon est, comme je l'ai déja dit, très-agréable & très-fertile. Les capres y sont les meilleures de la Provence, & les raisins muscats excellens. Sur les montagnes croissent des plantes auxquelles les médecins reconnoissent de grandes propriétés. Enfin, on ne sauroit trouver de plus belles fleurs, surtout parmi les tubéreuses & les narcisses, que celles qui embellissent les environs de cette ville. Mais le climat y est très-chaud. On y éprouve en été des chaleurs excessives, soit parce que ces montagnes mettent la ville à l'abri du vent frais du nord, soit parce qu'elles donnent une nouvelle force à la réverbération du soleil, occasionnée par le saffre dont le terroir est rempli. On appelle *saffre* un amas de petites pierres liées ensemble par un gluten, qui se durcit à l'air avec une facilité surprenante. Cependant ces mêmes montagnes procurent un grand avantage. C'est de là que coulent ces eaux vives & pures qui fournissent à toutes les fontaines de Toulon : elles contribuent à entretenir la verdure & la fécondité de ces campagnes riantes, qui s'abaissent le long du golfe, par une pente insensible, depuis le pied des collines, jusqu'au bord de la mer.

Non loin de Toulon est le lieu de *Sixfours*, qui, dit-on, tire son nom du romain *Sextus furius* son fondateur. Il y a en effet quelques inscriptions qui paroissent établir cette origine. Les habitans de ce bourg, hommes & femmes, sont d'une taille très haute. On prétend qu'autrefois ils ne vouloient se marier qu'entr'eux, de peur de voir dégénérer leur race.

Au fond du golfe où Toulon est situé, on voit le village de la *Seine*, où la pêche est excellente & facile. Ce gros bourg a-t-il pris son nom du filet avec lequel on pêche, & qu'on nomme encore *Seine*, ou l'instrument doit-il son nom au bourg même? C'est ce qu'on n'a pas pu éclaircir. Tout ce que l'on sait, c'est que la situation de ce lieu dans une plaine fertile, sur le bord d'une mer fort poissonneuse, & un très-bon port y attirerent un grand nombre d'habitans de Sixfours, & des villages voisins; de sorte qu'il est devenu le plus considérable. Les rues en sont fort bien percées. Il y a une belle place au milieu, & une autre à l'extrémité sur la marine, qui sert à la construction des bâtimens de mer. Les quais, dont il n'y a que la moitié de faite, sont fort larges. On compte dans ce village environ six cents maisons, neuf fontaines publiques, & environ quatre mille habitans. L'abbé de Saint-Victor de Marseille en est seigneur.

Je ne m'arrête point à quelques bourgs peu considérables; & je passe à la ville d'*Hieres*, à la rade & aux îles de ce nom. Cette ville est fort ancienne, puisqu'elle a été connue des anciens qui la nommoient *Areæ*. C'étoit autrefois un port de mer; & l'on s'y embarquoit encore au treizieme siecle, pour faire le voyage de la terre sainte. Elle s'appelloit alors *Ahires*, suivant Guillaume de *Nangis*, qui dit que saint Louis y aborda en revenant de l'Egypte & de la Palestine. Depuis long-temps le port n'existe plus, la mer s'étant retirée d'environ d'une lieue.

La ville est située sur le penchant d'une colline, au haut de laquelle paroissent encore des restes d'un vieux château, qu'on dit avoir été un des plus forts des siecles passés. On voit dans Hieres même une tour ancienne qui a été bâtie par les templiers. Au bas est une chapelle voûtée, & au-dessus, une longue & belle terrasse, où l'on monte par un escalier pratiqué dans l'épaisseur des murs, qui sont d'une structure si fine & si bien arrangée, qu'il semble qu'ils ne sont que d'une seule pierre.

Le terrain qui s'étend au pied de la colline, n'est pas par-tout le même. D'un côté, il est bas & marécageux, on y apperçoit encore quelques traces du bassin, & un canal presque tout comblé qui conduit à la mer: sur le rivage, à l'orient de la ville, sont des salines. Mais du côté opposé, c'est le terroir le plus fécond, le paysage le plus riant, planté d'orangers, de citroniers & de grenadiers en pleine terre. Le voyageur respire de loin le parfum que répand la fleur de ces orangers, & à son arrivée, frappé d'un spectacle si ravissant, il croit avoir été transporté sous un nouveau ciel & sur un nouveau sol. En hiver même, lorsque la nature est engourdie dans les autres climats, elle conserve encore ici presque toute sa beauté; & la température de l'air y est si douce, qu'on y goûte pendant cette rigoureuse saison les délices du printemps. En vérité, *Chapelle* & *Bachaumont* n'ont pas eu tort de dire, en parlant de cette campagne si agréable & de ce climat si pur:

Que c'est avec plaisir qu'aux mois
Si fâcheux en France & si froids,
On est contraint de chercher l'ombre
Des orangers, qu'en mille endroits,
On y voit sans rang & sans nombre
Former des forêts & des bois.
Là, jamais les plus grands hivers
N'ont pu leur déclarer la guerre:
Cet heureux coin de l'univers
Les a toujours beaux, toujours verds,
Toujours fleuris en pleine terre.

Vous voyez, Madame, que pour peindre ce beau lieu, ces poëtes n'ont eu recours ni au coloris ni aux fictions poétiques : ils n'en avoient pas besoin. Je dois ajouter que ces forêts d'orangers & de citroniers sont en partie entremêlées de jardins fruitiers & potagers, dont quelques-uns ont produit, dit-on, à leurs propriétaires jusqu'à quarante mille livres par an. Mais il est sûr qu'années communes, ils rapportent tous ensemble cent cinquante mille livres : aussi tout le commerce que fait cette ville est en fleurs & en fruits. Il y a des jardins où l'on cueille des pois verts dans toutes les saisons de l'année.

La seigneurie d'Hieres a fait partie du domaine des vicomtes de Marseille. Au troisieme siecle, elle étoit encore possédée par les seigneurs *de Fos*, cadets de ces vicomtes. A cette époque, Charles d'Anjou, comte de Provence, voulut s'en emparer. Mais les deux freres *de Fos*, lui ayant résisté, il fut obligé d'assiéger la ville & le château d'Hieres. Après un siege de cinq à six mois, les freres capitulerent, & céderent leur seigneurie au comte, qui leur donna en échange d'autres terres dans l'intérieur de la province. Les comtes & les rois, leurs successeurs, établirent à Hieres une viguerie, & même ensuite une sénéchaussée qui a été transportée à Toulon. Cette petite ville a été la patrie de Massillon, évêque de Clermont, cet orateur sacré, si connu par son éloquence douce & persuasive, & l'un des plus grands prélats qui se soient distingués par leurs lumières & leurs vertus.

Le point de vue qu'on a sur la terrasse de la tour dont j'ai parlé un peu plus haut, est très étendu. On découvre de là toute la rade ou baie d'Hieres, & les îles qui en portent le nom, ou celui *d'Iles d'Or*. La rade est très-bonne & très-vaste : elle a plus de quinze milles de largeur, & vingt cinq milles de longueur. On n'y a vu, dit-on, aucun naufrage de mémoire d'homme. Cela n'est pas incroyable : les plus gros vaisseaux peuvent y mouiller, & y sont à l'abri des vents. Les flottes mêmes du roi s'y sont plus d'une fois réunies tout entieres : on y a vu en 1702 une escadre commandée par le comte de Toulouse, amiral de France. Les gros bâtimens ne peuvent pas, à la vérité, approcher de la terre : mais ils ne courent aucun risque de se briser sur cette côte, parce que le fond est toujours de vase & de sable doux. Cette rade est défendue par trois forts, dont le plus considérable, appellé *Brégançon*, est sur la pointe de la terre ferme. Les deux autres sont dans les deux premieres îles d'*Hieres*.

Les anciens nommoient ces îles *Stœchades*, aussi bien que celles qui sont situées vis-à-vis de Marseille. Le nom général qu'on donnoit aux îles de la côte de Provence, vient, dit-on, de l'herbe *Stechas*, qui est médicinale, & qui s'y trouvoit en grande quantité. Ces îles *d'Hieres* sont au nombre de quatre : *Porquerolles*, ainsi nommée des sangliers qui y passoient autrefois de la terre ferme pour brouter les chênes verts qui y sont en abondance : *Portcros*, dont le nom veut dire port creux ou profond, parce qu'effectivement il y a un petit port vis-à-vis du Château : l'île de *Titan* ou du *Levant*, & *Bagueau*. Ces deux dernieres sont inhabitées : celle du *Levant*, la plus grande de toutes, feroit fufceptible de culture.

François I érigea ces îles en marquifat, en 1531, fous le nom des *Iles d'Or*, à caufe, difent quelques-uns, des orangers qui croiffent naturellement & en abondance fur la côte. Dans le cours du feizieme fiecle, le marquifat fut partagé en deux : l'île de *Porquerolles* refla dans la maifon d'Ornano ; & les autres furent données au même titre à un feigneur allemand ; le tout avec les plus beaux droits, & fous la redevance, à chaque mutation de feigneur, d'un faucon pour chaque île, portant fonnettes d'or & vermeilles aux armes de France. Ces inféodations furent faites à condition que les feigneurs défendroient la rade & les îles contre les incurfions des ennemis. C'eft ce qui les obligea d'y faire bâtir deux châteaux folides qui fubfiftent encore & qui forment la bafe de la fortification de ces îles. Mais comme ils en ont négligé la garde, le roi a mis une garnifon & un commandant à Porquerolles & à Portcros. Ainfi les feigneurs d'aujourd'hui n'en font plus trop les maîtres. Ces marquisats ont passé dans bien des familles, depuis leurs premiers possesseurs.

Après avoir parcouru avec un plaisir infini la plaine & les côteaux charmans d'Hieres, j'ai suivi la côte, où j'ai trouvé le golfe de *Grimaud*, nom pris du lieu qui est dans les terres. A mi-canal de ce golfe, est *S. Tropez*, petite ville, du diocèse de Fréjus, avec un port & une citadelle. Il y a sur une éminence un ancien donjon en exagône, flanqué avec un fossé taillé dans le roc, & un petit chemin couvert. En 1692, cet ouvrage fut fortifié d'une seconde enceinte, qu'on nomme aujourd'hui *la Citadelle*. Ce port est assez vaste, s'il étoit réparé, pour contenir deux cents navires. C'est à quoi l'on a plusieurs fois pensé, & ce qui n'est point encore exécuté. La côte est l'une des meilleures pour la pêche du poisson, & pour celle du corail, qui passe pour être le plus beau en couleur de celui qu'on pêche dans la Méditerranée. L'air est très-sain dans cette ville : il y est si vif & si purifié par les vents de nord & de nord-ouest, que la peste n'y a jamais pénétré, quoiqu'elle ait désolé les villes & villages voisins.

Au reste le nom de *Saint-Tropez* ou *Torpès* est celui d'un martyr dont on conserve les reliques à Saint-Victor de Marseille. Quant au nom de *Grimaud*, quelques-uns prétendent qu'il vient de celui de l'ancienne & illustre maison de Grimaldi : mais cela est douteux.

A quelques lieues de ce golfe, le long de la côte, & près de la riviere d'Argents, est la ville épiscopale de Frejus. Il paroît certain qu'elle fut fondée par une colonie de phocéens. Mais quelle est l'époque où elle a été bâtie ; quel est le nom que lui donnerent ses fondateurs ? C'est ce que les écrivains ni la tradition ne nous ont point appris.

Cette ville a été fameuse du temps des romains, dabord sous le nom de *Forum Julii*, (le Marché de Jules) & ensuite sous celui de *Colonia Octavianorum*, (Colonie des Octaviens) noms qui indiquent que Jules César, & son neveu Octave ou Auguste l'avoient spécialement protégée. C'étoit en effet une place militaire très-importante, célebre par son commerce & bien plus étendue qu'elle ne l'est aujourd'hui. Une légion entiere y étoit en garnison, suivant une lettre de Cicéron à Plancus. Elle avoit une enceinte de cinq mille pas de circonférence, fermée par des murailles & des tours, dont nous voyons encore les ruines. On remarque sur les murailles qui sont en face de la mer, de gros anneaux de fer qui servoient à amarrer des vaisseaux; ce qui prouve que la mer s'étendoit alors jusques là. Bien plus, on reconnoît quelques traces du bassin & du mole de son port, qui sont l'un & l'autre enterrés dans les sables & dans la vase.

En ce même temps, on entroit dans Fréjus par quatre grandes portes remarquables. La premiere, *la porte romaine*, bâtie par Jules César de grosses pierres de taille, consistoit en deux arcs, distans l'un de l'autre de plus de neuf pieds de longueur. L'entre-deux étoit voûté: l'arc oriental & la voûte sont tombés: celui du côté de la ville subsiste encore; & les passans ne doivent pas craindre d'être écrasés sous sa chûte, quoique la pierre du milieu qui en est comme la clé, soit bien usée, & paroisse ne tenir qu'à très-peu de chose. Les ornemens d'achitecture qu'on voyoit encore à cette porte au seizieme siecle, ont fait juger qu'elle devoit être magnifique.

La seconde porte, qu'on nomme *la porte dorée*, à cause des grands clous de fer à tête dorée qui y sont placés dans la maçonnerie, est à cent pas de la ville au midi, & actuellement enfermée dans le jardin d'un couvent de religieuses. Elle consistoit en trois arcs, dont celui du milieu étoit plus large que les deux autres qui ont été abattus.

On a muré, il y a quelques années, la troisieme porte, qui est encore en assez bon état. Elle s'appelle *la porte pâtissiere*. Il est vraisemblable qu'elle portoit autrefois un autre nom.

La quatrieme porte antique est dans le jardin des cordeliers. C'est par là qu'on entroit dans la ville en venant des Gaules. On trouvoit d'abord une grande demi-lune, dont les murs, bâtis depuis dix-huit siecles & subsistants encore, sont fort élevés. Au fond de cette demi-lune, sont deux portes semblables dans leurs dimensions, & dont les avenues, étoient défendues par deux grandes tours.

Les seuls débris des monumens dont les romains avoient décoré cette ville & ses environs, attestent la grandeur & la beauté de ces édifices. Tels sont les restes de ce superbe aqueduc, qui, du territoire de Mons, petite ville du diocèse, conduisoit à Fréjus les excellentes eaux de la riviere de Siagne, qui en est éloignée de plus de cinq lieues. Ces infatigables romains couperent à coups de ciseaux & de marteaux, dans l'espace de soixante pas de longueur, une roche vive, au sein de laquelle ils ouvrirent un canal de quatre pas de largeur qui subsiste encore aujourd'hui. Ils conduisirent, par cette ouverture, une partie des eaux de la Siagne dans un canal de maçonnerie, l'espace de neuf ou dix lieues, & les firent venir auprès de Fréjus sur une hauteur à mille pas de la porte romaine. On voit encore dans cet endroit le canal à fleur de terre, d'où les eaux se jettoient sur des arcades, qui de cette éminence descendoient insensiblement vers la ville. Douze de ces arcades sont encore sur pied : il y en a quelques-unes dont on ne voit que les débris : les ruines des autres ont entiérement disparu.

On trouve à cinq cents pas de la ville les restes d'un temple antique, nommé le *panthéon*, dont les murs sont très-épais. Il y a des chambres, des fenêtres plus larges en dedans qu'en dehors, & dans un des murs, des niches où l'on plaçoit sans doute de petites idoles, des ustensiles ou autres choses semblables.

Il y avoit hors de la ville un grand cirque ou amphithéatre, joignant les murs, & dont on reconnoit parfaitement les traces. La forme en étoit ovale, & la longueur, de la porte orientale à celle de l'occident, de plus de cent cinquante pas.

La ville de Fréjus fut dans l'état le plus florissant, durant plusieurs siecles, c'est-à-dire, tant que les romains resterent maîtres de la Gaule narbonnoise. Mais à la décadence de l'Empire, elle fut prise & saccagée par les Goths. Au milieu du neuvieme siecle, elle acheva d'être détruite par les Sarrasins, qui, après en avoir chassé les habitans, allerent s'établir à quelque distance de là, sur une montagne, nommée alors *Fraxinet*, & aujourd'hui *la garde de Frainet*. Ils y bâtirent un fort, d'où ils ravageoient tout le pays des environs, & avoient communication avec la mer par le golfe de Grimaud. Ces barbares s'y maintinrent pendant plus d'un siecle, malgré les efforts de nos rois. Ils en furent enfin chassés en 972 par Guillaume I, comte de Provence. *Riculfe*, qui occupoit alors le siege épiscopal de Fréjus, rassembla dans cette ville dévastée le peuple & le clergé, & en fit rebâtir la cathédrale, & la paroisse qui y tient.

L'établissement de ce siege remonte au quatrieme siecle. Le premier évêque, nommé *Acceptus*, fut élu en 374. Mais, suivant un ancien auteur, ce saint personnage redoutant une dignité si élevée, s'accusa publiquement de plusieurs crimes, pour en être dépossédé ; ce qui arriva effectivement l'année suivante. En 1300, Fréjus avoit pour évêque *Jacques d'Ossa*, fils, dit-on, d'un simple savetier. Il fut d'abord médecin de Charles, comte de Provence & roi des deux Siciles, précepteur des enfans de ce monarque, puis chancelier du roi Robert à Naples, évêque de Fréjus, patriarche d'Antioche, cardinal, & enfin proclamé pape en 1316, sous le nom de Jean XXII. Cette église a été depuis gouvernée par plusieurs prélats de l'illustre maison de Fiesque ; & de l'ancienne famille des Ursins en Italie, & par le cardinal de Fleury, précepteur de Louis XV, & son premier ministre.

La régale n'a point lieu dans ce diocèse ; & pendant la vacance du siege, le vice-général nommé par le chapitre confére de droit les bénéfices qui sont à la nomination de l'évêque. Peut-être a-t on l'obligation de ce privilege au pape Jean XXII, qui fit beaucoup de bien à son ancien diocèse. La ville est très-peuplée : elle ne contient que trois à quatre mille habitans : il y a une seule paroisse, un séminaire, un college, quelques maisons religieuses, & un hôpital.

Fréjus se glorifie d'avoir donné la naissance à plusieurs hommes illustres de l'antiquité. Ce sont *Julius Grecinus*, sénateur romain sous l'empereur Caligula, & l'un des hommes les plus éloquens de son siecle. Caligula voulut l'obliger à accuser Marcus Silanus, que ce prince haïssoit, quoiqu'il ne fût coupable d'aucun crime. Grecinus le refusa ; & l'empereur irrité lui fit ôter la vie.

Julius Agricola, consul romain, & gouverneur de la Grande-Bretagne sous Vespasien. Il soumit, le premier, l'Ecosse & l'Irlande, & réduisit les Bretons. L'historien *Tacite*, son gendre, a écrit la vie de cet homme célébre, & nous l'a présenté comme le plus beau modele de bonne conduite dans l'état politique & militaire, & de vertus dans la vie ordinaire & privée.

Cornelius Gallus, grand capitaine & bon poëte sous Auguste. Il ne nous reste plus rien de ses poésies. Virgile fit une églogue à sa louange : c'est la dixieme. *Il faut*, dit-il, *que je fasse quelques vers pour mon ami Gallus, mais des vers qui soient lus de Lycoris. Peut-on refuser des vers à Gallus ?*

Parmi les illustres modernes de Fréjus, on compte *Joseph Antelmi*, chanoine, qui a laissé un ouvrage latin sur l'origine de cette ville, & *Charles Octavien* son frere, qui après avoir suivi la fortune du cardinal de Fleury, fut fait évêque de Grasse. Il y a un autre homme du dernier siecle, qui mérite d'être distingué : c'est *François Mourenc*, connu sous le nom de marquis de Villeneuve. Il étoit, dit un auteur, d'une naissance obscure ; mais il avoit l'ame élevée, & alla chercher hors de sa patrie une meilleure fortune. Il la trouva en Allemagne, où il avoit embrassé la profession des armes ; & où il épousa une personne de grande qualité. Il fut général des troupes de l'empereur au siege de Candie ; & ce fut de ce point de gloire qu'il envoya à ses compatriotes son portrait qui le représente à cheval. On le voi dans l'hôtel-de-ville de Fréjus, ave cette inscription au bas : *Il marches di Villanova, per la serenissima republica di Venezia, generale dell'arme in levante. An. dni.* 1658. *In Candia.* On dit que la femme de ce général ayant découvert qu'il étoit d'une naissance aussi basse, que la maison de Villeneuve, dont il se disoit sorti, étoit illustre, le fit empoisonner de rage d'avoir été trompée quant à la naissance.

Le tertoir de Fréjus est des plus fertiles & des plus agréables. Il y croît d'excellens fruits, & le gibier y est très-bon. Le diocèse est plus étendu que ceux de Marseille & de Toulon, puisqu'on y compte quatre-vingt-huit paroisses. Les bourgs ou petites villes y sont aussi en assez grand nombre. On trouve, en suivant la côte, le golfe & le gros village de *la Napoule*, qui au seizieme siecle étoit bien plus considérable qu'il ne l'est aujourd'hui. Il fut ruiné, ainsi que la terre seigneuriale, par les guerres civiles. Au commencement de ce siecle, il est un peu repeuplé par les

les soins du seigneur qui a donné aux nouveaux habitans des terres en concession. Le séjour en est délicieux dans la belle saison, & en hiver même, à cause de la température de l'air. Le port *Theoule* dépend de la terre de la Napoule, dont la côte a environ trois lieues d'étendue. Le seigneur en a la propriété, ainsi que celle de la pêcherie de la mer. Un arrêt du conseil lui a accordé la permission d'avoir dans son château six pieces de canon, pour la défense des bâtimens de mer qui y vont mouiller.

Les autres bourgs sont dans les terres. A l'extrémite du diocèse, est la petite ville de *Barjols*, située dans une charmante contrée. Il y a une église collégiale sous le titre de *Notre-Dame de l'Espinar*, fondée en 1060, par Raimbault, archevêque d'Arles, issu des vicomtes de Marseille. On y conserva jusqu'en 1562 le corps de S. Marcel, évêque de Die. Mais il devint la proie des calvinistes, qui s'étant emparés de la ville, le jetterent au feu.

En passant par *Cotignac*, petite ville

assez considérable, je me suis un peu détourné de ma route, pour aller visiter l'église de *Notre-Dame des Graces*, située au sommet d'une haute montagne, & desservie par les prêtres de l'Oratoire. J'y ai vu un tableau remarquable par un événement que je crois devoir vous rapporter.

Il y avoit déjà vingt-trois ans que Louis XIII étoit marié, sans avoir eu aucun enfant, lorsque le frere *Fiacre*, augustin déchaussé, demeurant à Paris, demanda à Dieu la fécondité de la reine. La sainte Vierge, dit son historien, apparut à ce religieux le 3 Novembre 1637, & l'assura que ses prieres étoient exaucées. Mais elle ordonna que la reine lui fit trois neuvaines, dont une à *Notre-Dame des Graces*; & pour preuve que ce n'étoit point une illusion, elle se montra à lui, ajoute l'auteur de sa vie, telle qu'elle est représentée dans le tableau dont je viens de parler. Le roi & la reine ayant appris de la bouche même de ce religieux tout ce qui s'étoit passé, l'envoyerent en Provence pour vérifier si la sainte Vierge étoit réellement peinte dans ce tableau telle qu'il croyoit l'avoir vue dans son extase : si la chose se trouvoit conforme à son récit, ils le chargerent de faire une neuvaine à *Notre-Dame des Graces*, afin d'obtenir du ciel le fils qu'on leur promettoit. Les P.P. de l'Oratoire conservent la lettre que le roi leur écrivit à ce sujet. Le frere *Fiacre* reconnut que la vision ne l'avoit point trompé, & remplit sa mission.

La reine étant accouchée de Louis XIV le 5 Septembre 1638, n'eut rien de plus pressé que de consacrer sa reconnoissance envers la Vierge. Elle fit porter à *Notre-Dame des Graces*, par le même religieux, un tableau qu'on y voit encore, & sur lequel le jeune prince est représenté aux pieds de la mère du Sauveur. Elle fonda ensuite six messes pour être dites à perpétuité dans cette église; & enfin elle y vint elle-même avec ses deux fils pour faire ses actions de graces, en 1660, lorsque Louis XIV alloit épouser l'Infante Marie-Thérese. Ce prince fit présent à la Vierge de son cordon bleu que l'on conserve soigneusement, & lui envoya ensuite son contract de mariage & le traité des Pyrenées magnifiquement reliés en un volume. On peut les voir dans la bibliotheque de *Notre-Dame des Graces*. On lit dans l'église sur une pierre de marbre noir, à côté de l'autel, l'inscription que voici;

Louis XIV, roi de France & de Navarre,
Donné à son peuple par les vœux
Qu'Anne d'Autriche, reine de France, sa mere,
A faits dans cette église,
A voulu que cette pierre fût ici posée
Pour servir de monument à la postérité,
Et de sa reconnoissance,
Et des messes que sa libéralité y a fondées
Pour l'ame de sadite mere.
Le XXIII avril M. DCLXVII.

A quelque distance de Cotignac, on trouve *Draguignan*, ville assez grande & très-agréable, située dans une des contrées les plus fertiles de la Provence, & dont le climat est également sain & tempéré. L'évêque de Fréjus y passe une bonne partie de l'année, quoiqu'il n'en soit pas seigneur. Elle appartient au roi comme comte de Provence. C'est le chef;

lieu d'une viguerie, de laquelle dépend la petite ville de *Barjemon*, qui étoit autrefois un apanage des cadets des comtes de Provence, & où a pris naissance *Louis Moreri*, premier auteur du dictionnaire historique qui porte son nom. Près de ces deux petites villes, est la terre de *Trans*, un des plus anciens marquisats du royaume : l'érection en a été faite par Louis XII, en faveur de Louis de Villeneuve, d'une des plus anciennes familles de Provence. Les autres bourgs de ce diocèse peuvent être passés sous silence.

Je suis, &c.

A Avignon, ce 20 Octobre 1759.

LETTRE CCCLXXXVI.

SUITE DE LA PROVENCE.

JE m'imagine bien, Madame, qu'aussi-tôt que j'aurai nommé le diocèse de *Grasse*, dont je vais vous faire la description, vous vous rappellerez l'illustre évêque *Godeau*, qui, n'étant encore que simple abbé, présenta au cardinal de Richelieu une paraphrase en vers du cantique *benedicite*, & qui reçut pour réponse de la part de ce ministre : *vous m'avez donné* benedicite, *& moi je vous donne* grasse. Mais plusieurs critiques nient cette anecdote, prétendant que le cardinal ne se servit jamais de ce jeu de mots qui n'est pas d'un trop bon goût.

Ce diocèse est encore un de ceux qui s'étendent le long de la Méditerranée. On ne peut pas assurer que la ville épiscopale ait existé du temps des romains, puisqu'aucun de leurs auteurs n'en fait mention. Mais il est vraisemblable qu'un terroir si fertile & si voisin de la mer, situé sous un ciel si pur & si beau, ait été négligé par ceux qui s'en étoient rendus les maîtres.

Rien de plus agréable en effet que la situation de la ville de Grasse. Les montagnes, au pied desquelles elle est bâtie, la couvrent du côté du Nord, & sont remplies de cavernes, où l'on trouve beaucoup de pétrifications, & même des carrieres de marbre d'un assez bel albâtre. La ville est entourée au midi de prairies & de jardins, que les eaux jaillissantes de la montagne, toujours claires & vives, ne cessent de fertiliser. En vérité, le voyageur ne peut s'empêcher d'être saisi d'étonnement & d'admiration, à la vue d'une si grande quantité d'arbres fruitiers & de plantes rares, qui viennent de tous côtés sans demander beaucoup de soins pour leur culture. Ce n'est point une exagération de dire que la ville & la plaine sont parfumées de l'odeur des orangers, des citroniers, des cédras & du jasmin d'Espagne, quand ils ſont en fleur. La verdure, un peu triſte pourtant & un peu ſombre en hiver, y dure toute l'année; & toute l'année, le bétail y trouve des pâturages excellens.

Ce territoire ne produit point aſſez de bled pour la conſommation de ſes habitans : il eſt beaucoup plus fertile en vin & en huile. On y recueille auſſi de la ſoie, qui fournit une branche de commerce. Mais il y en a deux autres, à Graſſe & dans le diocèſe, plus conſidérables. La premiere eſt celle des cuirs tannés & préparés avec les feuilles de myrte & de lentiſque : c'eſt ce qui les rend verts & de meilleur uſage que les cuirs rouges. La ſeconde branche de commerce conſiſte en miel & en cire naturellement parfumés, & en ſavonnettes, pommades, eſſences que l'on compoſe à Graſſe même. Le bergamotier & ſon fruit y ſont communs. On en fait ſécher les écorces, & l'on en forme les bonbonnieres de bergamotes.

Je ne vous parlerai point, Madame, de l'intérieur de la ville, qui contient environ dix mille habitans, en y comprenant ceux des fauxbourgs. Il n'y a rien de beau; point de places, point de fontaines, point de bâtimens remarquables; point d'ornemens, point de propreté dans les rues aussi étroites qu'irrégulieres. A chaque porte de cette ville, est une image de la Vierge, où une lampe, m'a-t-on dit, brûle toute la nuit, & où tous les soirs on chante les litanies. On m'a ajouté que c'est un vœu fait par le pieux évêque *Godeau*, qui mit la ville sous la protection de la Vierge, & qui en ressentit les effets, lorsque les ennemis s'étant présentés devant Grasse, se retirerent au bout de trois jours, sans avoir fait aucun ravage.

Au reste, il n'y a d'évêque dans cette ville que depuis le treizieme siecle. En vous faisant connoître *Antibes*, qui en est à quatre lieues, je vais vous apprendre l'origine de ce siege épiscopal.

La ville d'*Antibes*, située sur le bord de la mer, étoit autrefois bien plus considérable qu'elle ne l'est aujourd'hui. Elle fut fondée environ

340 ans avant J. C. par les Marseillois qui lui donnerent le nom grec, *Antipolis*, c'est-à-dire, ville opposée à une autre, parce qu'elle étoit vis-à-vis de la ville de Nice, un golfe entre deux. Ils l'eurent sous leur domination, jusqu'au temps où les romains s'en rendirent les maîtres. Ceux-ci en firent une ville latine, la regarderent comme une place assez importante, l'entourerent de murailles, la fortifierent de tours dont deux subsistent encore, & la décorerent d'édifices publics. On trouve dans son ancienne enceinte plusieurs monumens, inscriptions, médailles, &, près la porte de la ville, à l'endroit où est le jardin des ingénieurs, quelques vestiges d'un théâtre construit par les romains.

Cette ville fut, comme bien d'autres, envahie par les goths au cinquieme siecle : elle avoit alors des évêques. Le premier que l'on connoisse, s'appelloit *Armentarius* : le second, nommé *Valerius*, souffrit le martyre en 481, par ordre d'Euric, roi de ces barbares. Elle fut ruinée par les sarrasins au neuvieme siecle

& rétablie dans le siecle suivant. Mais elle n'avoit plus son ancienne grandeur, & elle étoit toujours exposée aux incursions des pirates qui infestoient les côtes de Provence.

Il paroît qu'au douzieme siecle, la seigneurie d'Antibes étoit partagée entre l'évêque, & des gentilshommes qui portoient le nom de *Grasse*, vraisemblablement parce qu'ils avoient possédé quelques domaines dans cette derniere ville. Cependant l'évêque d'Antibes étoit seul seigneur de la ville & de tous les environs, lorsque le pape Innocent IV transféra, en 1244, le siege épiscopal à Grasse, pour le mettre à l'abri des courses des pirates. Les évêques établis dans cette derniere ville, conserverent la seigneurie d'Antibes, en reconnoissant le haut domaine des comtes de Provence.

A la fin du quatorzieme siecle l'antipape Clément VII, qui siégeoit à Avignon, prétendant que la seigneurie d'Antibes appartenoit au saint siege, la réunit à la chambre apostolique, & en vendit ensuite une partie à deux seigneurs de la maison de Grimaldi, propriétaires dans les environs de celles de Cagne & de Villeneuve. Ce même anti-pape établit un vicaire apostolique à Antibes. C'est ainsi qu'on attaqua tout à la fois le pouvoir temporel & l'autorité spirituelle de l'évêque de Grasse sur la ville dont il est ici question. Malheureusement les papes Jean XXIII, Martin V & Eugene IV autoriserent dans le siecle suivant les decrets de l'anti-pape.

La seigneurie temporelle d'Antibes étoit, au seizieme siecle, partagée entre les Grimaldi, & le duc de Maïenne, du chef de sa femme, Henriette de Savoie. Ces seigneurs vendirent leurs droits à Henri IV, qui réunit Antibes à son domaine. En 1642, le roi en abandonna la seigneurie utile au prince de Monaco, en y conservant tous ses droits de souveraineté.

Quant à l'autorité spirituelle, on a vu jusqu'à nos jours dans cette ville le vicaire apostolique, qui étoit presqu'indépendant de l'evêque de Grasse. Ce n'est qu'en 1732 que celui-ci a été rétabli dans tous ses droits épiscopaux ; en vertu d'un arrêt qui déclare abusives les bulles de Jean XXIII, de Martin V, & d'Eugene IV, qui avoient confirmé les arrangemens de l'anti-pape Clément VII.

François I a commencé les fortifications d'Antibes : Henri IV les a continuées ; & Louis XIV y en a ajouté de nouvelles. Elles consistent en quatre bastions, dont les courtines sont couvertes par des demi-lunes : par delà, est un fossé enveloppé d'un chemin couvert & d'un glacis. Ces ouvrages défendent la communication de la ville avec la terre. Le reste est entouré par la mer ; & l'on ne peut en approcher, parce que d'un côté sont des rochers, & de l'autre des fonds vaseux. L'entrée du port est défendue par des batteries & un fortin à quatre bastions, que l'on appelle le *Fort Carré*. Ce port d'ailleurs est très-petit, & ne peut recevoir que des barques. En 1746 & l'année suivante, les troupes impériales, grossies des troupes anglaises & piémontoises, ont fait le siege d'Antibes, & y ont échoué.

L'intérieur de cette ville n'offre rien de curieux. Outre l'église paroissiale, il y a un couvent d'hommes, un de filles, & deux hôpitaux. On y compte environ trois mille habitans. Le principal commerce qui s'y fait, consiste en poisson salé. Le climat en est fort tempéré, & l'air fort sain, depuis qu'on a desséché les marais dont elle étoit environnée, pour y faire des fortifications. Il croît dans son terroir des fruits excellens, mais peu d'autres denrées nécessaires à la vie. C'est la patrie d'*Honoré Tournely*, docteur de la maison de Sorbonne, célebre par ses ouvrages théologiques.

A un quart de lieue d'Antibes, est la rade du *Gourgean*, l'une des plus belles & des plus sûres qu'il y ait dans la Méditerranée. Les bâtimens peuvent y entrer & en sortir par toutes sortes de temps. Il y en a continuellement, sur lesquels on embarque pour les pays étrangers les vins, les huiles, les fruits & autres marchandises.

Ce golfe dépend de *Vallauris*, un des villages les plus jolis de la Provence. Les rues en sont bien percées ; & il y a un assez beau château. L'abbé de Lerins en est seigneur, depuis l'an 1038, qu'*Aldebert*, évêque d'Antibes, & *Guillaume Jauseran*, freres, en firent donation à ce monastere.

Il y a dans ce même canton deux gros bourgs qui méritent d'être connus. Le premier est *Cagnes*, où l'on remarque un assez beau château enfermé d'une tour carrée, & orné de belles peintures. Le plafond d'une salle est peint avec toute l'illusion de l'optique. Vous y voyez *la chûte de Phaëton*, dont les chevaux du char présentent la croupe, de quelque côté de la salle qu'on les regarde. On dit que le peintre après avoir employé trois an à faire ce morceau, ne pouvoit perdre de vue ce cher ouvrage dont il étoit amoureux, & qu'au moment de son départ, il versa des larmes, en disant : *Bella mia cascata de Phaëtonte io non ti vedero mai mai mai.*

L'autre village est *Cannes*, peuplé de près de cinq mille habitans, dont la situation est admirable, le terroir bien cultivé, & fertile en vins, huiles, figues, citrons, oranges & autres fruits excellens. Il y a un ancien château, & une tour qui défend le port, qui n'est proprement qu'une anse dans la plage.

Les îles de *Lerins* situées non loin de la côte, presque vis-à-vis la petite ville de Cannes, sont du diocèse de Grasse. Les anciens géographes les nomment, l'une *Lerinus*, & l'autre *Lero*. Suivant Strabon, elles ont pris ce nom d'un nommé *Leron* qui y avoit été enseveli. Mais plusieurs modernes pensent que les Marseillois les avoient ainsi nommées, d'un mot grec, qui signifie *inutile* ou *méprisable*, parce qu'elles étoient abandonnées. Il est vrai en effet qu'elles n'ont été peuplées que par la piété des chrétiens. Celle de *Lero*, qui est la moins grande, l'a été la premiere. On l'appelle aujourd'hui *Saint-Honorat*, du nom du fondateur de l'abbaye qu'elle renferme.

Ce saint, né en Hongrie, étoit

venu, au commencement du cinquieme siecle, prêcher la foi sur les côtes de Provence. Les habitans, encore payens & brutaux, le chasserent, & l'envoyerent dans une barque avec trois pêcheurs, dans l'île de *Lero*, pour y être dévoré par les monstres & les serpens énormes dont elle étoit remplie. Mais les miracles que fit le saint homme pour dompter la fureur de ces animaux, pour vivre & se loger dans cette île, convertirent les trois pêcheurs; &, ce fut alors, environ l'an 410, qu'il y fonda le premier monastere de Cénobites qui aient existé dans les Gaules.

L'exemple de ces Moines fut bientôt suivi de tous ceux qui aborderent dans l'île, qu'ils défricherent entierement. Mais le nombre de ces Cénobites devint si considérable, qu'une partie d'entr'eux passerent dans l'île *Lerinus*, qui n'est séparée de la premiere que par un petit canal, & qu'on nomma dans la suite *Sainte-Marguerite*, parce qu'on y bâtit une chapelle qui fut dédiée à cette sainte. Plusieurs autres de ces hermites allerent vivre sur les ilots ou rochers qui entourent ces iles, & sur l'un desquels on voit encore la cellule de saint Ferreol, où un homme seul peut à peine se tenir debout ou couché.

Ces iles n'étoient point encore fortifiées. Aussi les sarrasins, les normands, & des pirates de toute nation, les ravagèrent; pillerent les monasteres, & y massacrerent, en différentes incursions, plus de cinq cents religieux, dont on conserve encore dans l'abbaye les corps, ou du moins les os, comme des reliques d'autant de martyrs. Ces catastrophes sanglantes déterminerent les moines à abandonner le monastere de l'ile *Sainte-Marguerite*, & à fortifier celui de l'ile *Saint-Honorat*. Ils l'entourerent de murailles, & y firent élever, en 1088, une grosse tour carrée qui subsiste encore, & sur laquelle on plaça du canon, après l'invention de cette arme, ainsi qu'au pied des murs de l'abbaye. Cependant un corsaire gênois les prit & les pilla en 1400. Mais elles furent bientôt reprises par la noblesse de Provence, qui, étant accourue de tous côtés, s'embarqua sur la côte voisine.

Les espagnols s'étant emparés de ces deux îles, en 1635, en augmenterent les batteries, & bâtirent un fort dans celle de *Sainte-Marguerite*. On les reprit sur eux en 1637. On a continué à entretenir ce qu'ils avoient construit à *Saint-Honorat*, & l'on a fait une nouvelle citadelle à *Sainte-Marguerite*. Il y a dans celle-ci une garnison d'invalides, dont un détachement garde l'île voisine.

L'île *Saint-Honorat* est unie, & d'une forme presqu'ovale. L'air y est fort sain, & les vues très-agréables par les villes & les montagnes qu'elles présentent, par de belles allées plantées d'arbres de haute futaie, par des vignobles & des jardins ornés des fleurs les plus odoriferantes. Elle est presque toute cultivée, & produit beaucoup de grains & de légumes. La mer dont elle est environnée, abonde en poisson & en corail.

Au milieu de cette île est un puits creusé dans le roc, & que l'on croit miraculeux. On y puise une eau très-limpide & excellente à boire, quoiqu'elle soit si peu éloignée de la mer. Elle n'y est jamais qu'en petite quantité; mais elle se reproduit sans cesse. Ce puits a été le sujet d'une inscription très-ancienne en vers latins, dans laquelle on compare Saint-Honorat à Moïse, pour avoir fait sortir de l'eau d'une pierre, & avoir rendu potables des eaux qui étoient ameres. Elle est gravée sur une pierre de marbre, au haut d'une muraille qui est près du puits.

Dès le seizieme siecle, il y avoit au-dessus de l'église du monastere une horloge qui passoit pour merveilleuse. Toutes les fois que les heures sonnoient, on voyoit mouvoir des automates, dont un, entr'autres, représentoit un homme armé d'une hache qui frappoit les heures sur la tête d'une figure de femme. Cette église contient d'ailleurs bien des reliques renfermées dans de précieux reliquaires. Elle fait partie de cette grosse tour dont j'ai déjà parlé, & qui est immense. On voit aussi dans le monastere une bibliothéque très-célebre par un grand nombre de manuscrits qu'on y conserve. Il y a, dit-on, une bible *manuscrite*, qui fut portée aux conciles généraux de Constance & de Bâle, pour y servir d'éclairciſſement à quelques passages de l'écriture sainte, d'après la maniere dont ils y étoient écrits; tous les saints peres grecs & latins, plusieurs interprêtes, casuistes & théologiens, les décrétales des papes, les conciles, & tout ce qui regarde le droit canon, enfin un grand nombre de livres, soit anciens, soit modernes, des plus utiles & des plus curieux.

L'île *Sainte-Marguerite* est inculte: ce n'est que dans le jardin du gouverneur, qu'on voit en quantité des orangers, des citroniers, des figuiers & des grenadiers. Depuis le regne de Louis XIV, on y renferme des prisonniers d'état. C'est là que, du château de Pignerol, en Piémont, fut transféré, vers la fin du dernier siecle, ce fameux prisonnier au *masque de fer*, dont l'origine & les aventures n'ont été ni ne seront vraisemblablement jamais connues. Vous savez, Madame, toutes les anecdotes qu'on a publiées sur son compte, & qui prouvent que c'étoit un homme considérable. Mais vous ne savez peut-être pas que son *masque* n'étoit pas *de fer* : il étoit de *velours noir*, suivant un auteur dont le témoignage n'est pas à rejetter, & la mentonniere avoit des ressorts d'acier, qui lui laissoient la liberté de manger & de boire. On avoit ordre de le tuer, s'il se découvroit : mais lorsqu'il étoit seul, il pouvoit se démasquer.

Au reste, j'ai été curieux de voir la chambre qu'occupoit cet illustre inconnu. Elle n'est éclairée que par une fenêtre du côté du nord, percée dans un mur fort épais, & fermée par trois grilles de fer placées à une distance égale. Cette fenêtre donne sur la mer.

Nous voici, Madame, au dernier diocèse de la Provence, qui s'étende sur le bord de la Méditerranée. C'est celui de Vence, dont l'histoire & la description ne seront pas longues. Quelques inscriptions qu'on voit dans la ville épiscopale, nous apprennent qu'elle étoit habitée du temps des romains, & qu'ils l'avoient consacrée au dieu Mars, *Marti vincio*, mot d'où vient le nom qu'elle porte. Aujourd'hui, elle est très-médiocre, quoique située sous un très-beau climat.

La seigneurie de cette ville est partagée entre le baron de Vence & l'évêque. Le baron est de la maison de Villeneuve, descendant de ce Romée ou Romieu de Villeneuve; le plus grand homme peut-être que la Provence ait vu naître. Raymond Berenger, dernier comte de Provence de la maison de Barcelonne, eut en lui la plus entiere confiance. Il l'avoit fait son ministre; & ce fut par ses conseils qu'il maria l'aînée de ses filles à Saint Louis, roi de France, la seconde au roi d'Angleterre, & la troisieme au frere de ce dernier monarque. Il lui en restoit une quatrieme, lorsqu'il mourut. C'étoit Beatrix, qu'il déclara son héritiere, laissant à Romée de Villeneuve qu'il nomma son tuteur, & régent du comté pendant sa minorité, le soin de la pourvoir. Romée lui fit épouser Charles d'Anjou, frere de Saint Louis. Ainsi ce fut à lui que les princes de la maison de

France eurent l'obligation de regner ſur la Provence; & c'eſt par héritage de ces princes que nos rois la poſſedent aujourd'hui. La baronnie de Vence fut une des récompenſes juſtement méritées qu'obtint Romée de Villeneuve. Les lettres-patentes qui contiennent cette donation, font mention des grands ſervices qu'ils avoient rendus à Beatrix de Provence & à Charles d'Anjou.

Le ſiege épiſcopal de Vence eſt très-ancien, puiſque le premier qui l'occupa, *Euſebe*, vivoit en 374. Au quinzieme ſiècle, il fut fort queſtion de la réunion de cet évêché avec celui de Senez, parce que l'un & l'autre étoient peu étendus: mais cette réunion ne fut point conſommée. Il y a environ cent cinquante ans qu'on pourſuivit vivement l'union des diocèſes de Vence & de Graſſe; elle a été même propoſée de nos jours: mais il n'y a point encore d'arrangement définitif à ce ſujet.

La ville de Vence ne renferme rien de remarquable. Tout ce que je puis en dire, c'eſt que l'égliſe cathédrale étoit autrefois un temple

du

du dieu Mars. On ne compte dans ce diocèse que vingt-trois paroisses, dont quelques-unes sont dans les états du duc de Savoie, de l'autre côté de la riviere du Var. Je ne vous parlerai point de la petite ville de *Saint-Paul*; & je ne vous nommerai le bourg de *Saint-Laurent*, que pour vous dire qu'il est fameux par ses excellens vins muscats, & situé sur le bord du Var, riviere, ou si vous voulez, torrent que je vous ai fait connoître. Le gravier, comme je l'ai déja dit, y fuit de dessous les pieds des passans. J'ajouterai ici que les étrangers ne doivent point s'exposer à passer cette riviere, sans avoir des gaieurs qu'on prend à Saint-Laurent. Si l'on ne passe ni en voiture, ni à cheval, on s'assied sur les épaules de deux hommes, qui se tiennent serrés l'un contre l'autre, en prenant réciproquement avec leur main le haut de leur veste au-dessous du cou, de maniere que l'un passe son bras droit sur le bras gauche de l'autre. On traverse le fleuve dans cette attitude : mais il faut prendre garde de ne pas regar-

l'eau ; elle est si rapide que la tête pourroit tourner, & qu'on courroit le risque. d'y tomber.

Je suis, &c.

A Avignon, ce 22 Octobre 1759.

LETTRE CCCLXXXVII.

Suite de la Provence.

La haute Provence eſt, comme vous le ſavez, Madame, preſque partout hériſſée de montagnes. L'ordre dans lequel je vais en tracer la deſcription, vous ſera connoître la route que j'ai ſuivie en la parcourant, & la poſition des diocèſes qui la compoſent. Cette deſcription ne ſera pas longue.

Le premier de ces diocèſes, du côté de l'orient, eſt celui de *Glandeves*. Il eſt borné au nord par celui d'Embrun en Dauphiné, à l'oueſt par celui de Senez, au ſud par celui de Vence, & à l'eſt par celui de Nice en Savoie. Il renferme cinquante-ſix paroiſſes, dont pluſieurs ſont dans les états du roi de Sardaigne. Ce diocèſe eſt ainſi nommé du nom d'une ville qui n'exiſte plus, & qui s'appelloit anciennement *Glanativa*. Lorſque les romains firent la diviſion des Gaules, ils la comprirent dans la province des Alpes maritimes.

Cette ville étoit autrefois un comté, & le siege d'un évêque. Le terrain sur lequel elle avoit été bâtie, ayant été dégradé par les fréquentes inondations du Var, les habitans se retirerent de l'autre côté de la riviere dans la ville d'*Entrevoux*. D'ailleurs, il y a plus de trois cens ans que Raymond Roger, vicomte de Turenne, faisant la guerre au jeune Louis d'Anjou, comte de Provence, acheva de ruiner cette ville, en haine d'Isnard de Glandevez, général des troupes qui lui étoient opposées. Vous savez, Madame, que, par une singularité de prononciation remarquable, il est d'usage en Provence de prononcer le nom du diocèse, *Glandeves*, & celui des seigneurs, *Glandevez*, dont la maison très-ancienne n'est pas éteinte.

Le lieu où étoit Glandeves, est resté désert. A peine y trouve-t-on quelques vestiges d'habitations, & les débris de l'ancienne église de *Notre-Dame de la Sedz*, a côté desquels on a bâti depuis environ cent ans, le palais épiscopal. Il est isolé dans une campagne resserrée d'un côté par le Var, & de l'autre par un roc, sur lequel on voit les ruines de l'ancien château. L'évêque réside à *Entrevaux*, où est l'église cathédrale, dédiée à S. Just. Cette petite ville fortifiée n'est rien moins que jolie : mais elle est sur une hauteur qui la met à l'abri des inondations du Var. Le siege épiscopal de Glandeves suffragant de l'archevêque d'Embrun, est très ancien, puisque *Fraternus*, le premier évêque connu, vivoit l'an 451.

On trouve dans ce diocèse deux petites-villes *Guilleaumes* & *Anot*. La premiere située dans les montagnes, a quelques fortifications. La seconde n'offre rien de curieux. Dans la partie septentrionale, la chaussure des paysans a fixé mon attention. Semblable à celle des paysans de Terracine, dans les états du pape, sur les frontieres du royaume de Naples, elle consiste en un morceau de peau crue & tannée, qu'ils replient sur le pied, avec une corde passée en forme de lacet, depuis le bout du pied jusqu'à la jambe, autour de laquelle ils lient la corde. C'étoit la chaussure des anciens romains, avec cette différence que les riches ne se servoient ni de corde, ni de peau crue.

Le diocèse de *Senez* est, comme celui de Glandeves, suffragant d'Embrun ; & très-montagneux. Il est borné à l'est par le premier ; au nord par le second, & par celui de Digne ; à l'ouest par celui de Riez, & au sud par ceux de Grasse & de Fréjus. La ville épiscopale est très-ancienne, puisque Ptolomée qui vivoit au commencement du deuxieme siecle, en fait mention : elle s'appelloit alors *Sanitium*. Située au milieu des montagnes, dans une contrée sterile, elle est très-petite & très-pauvre. L'évêque ne l'habite presque jamais, quoique la cathédrale, dédiée à Notre-Dame, & le chapitre y existent toujours. On a plusieurs fois proposé de les transférer à Castellane. Il est très-important pour la ville de Senez que ce projet ne soit point exécuté. Quoique les revenus du chapitre soient modiques, les habitans y trouvent une ressource assez précieuse, parce que ne pouvant faire aucune espece de commerce, ils sont réduits à vivre du seul produit très-médiocre de leurs biens-fonds.

Ursus, le premier évêque de Senez que l'on connoisse, vivoit comme celui de Glandeves en 451. Mais la suite de ses successeurs n'est bien établie que depuis le onzieme siecle. On y en compte quelques-uns de plusieurs maisons très-illustres. Ce siege a été occupé de nos jours par ce fameux *Jean Soanen*, prêtre de l'Oratoire, & disciple de *Quesnel*. Il publia une instruction pastorale contre la bulle *Unigenitus*, qui lui paroissoit un *decret monstrueux*. Le cardinal de Fleury assembla en 1727 le concile d'Embrun, où Soanen fut condamné, & suspendu de ses fonctions d'évêque & de prêtre. On l'exila à la Chaise-Dieu en Auvergne, où il est mort en 1740.

Ce diocèse ne renferme que quarente-deux paroisses. A deux lieues sud-est de la ville épiscopale, est *Castellane*, petite ville beaucoup plus jolie & plus agréable que Senez. La contrée où elle est située, quoique montagneuse, est fertile, principalement en grains & en paturages. L'air qu'on y respire est fort sain & tempéré. L'évêque y fait sa résidence ordinaire.

Le premier nom de cette ville très-ancienne étoit *Salinæ*, parce qu'on y voit à une petite distance une source très-abondante d'eau salée, dont j'ai déja parlé. Elle fut détruite dans le sixieme siecle par les saxons & les lombards. Ceux des habitants qui échappèrent au carnage, se retirerent sur une montagne voisine, où ils bâtirent des maisons qu'ils entourerent de murailles. Cette nouvelle ville prit le nom de *Petra Castellana*, sans doute, parce qu'on y éleva un château sur le rocher. Mais au treizieme siecle, les habitans jugerent à propos de s'établir sur le penchant du côteau, & au bord de la riviere du Verdon. Ce qui est resté au haut de la montagne, s'appelle le Château. Il y a un hermitage sous le titre de Notre-Dame de la Roche, & dans la plaine une autre église qu'on appelle Notre-Dame du Plan.

La seigneurie de cette petite ville appartient à la maison de *Castellane*, dont les armes & le nom semblent rappeller ceux des anciens rois de Castille. Mais il y a des probabilités bien mieux fondées qui la font remonter au onzieme siecle. L'empereur Conrad II, dit *le Salique*, l'investit à cette époque de la terre de Castellane, & de son territoire qui étoit très-étendu. Les comtes de Provence voulurent lui en disputer l'indépendance. Les castellanes leur résisterent pendant long-temps les armes à la main : mais à la fin ils furent soumis. Des auteurs prétendent que Charles I d'Anjou, comte de Provence, fit alors trancher la tête à un seigneur de Castellane ; d'autres soutiennent que ce fut à un évêque de Fréjus, de cette même maison. Quoiqu'il en soit, les grandes terres des Castellanes furent en partie confisquées & réunies au domaine des comtes de Provence, & le reste fut entierement assujetti.

Cependant les castellanes furent toujours regardés comme de grands seigneurs. Ils prenoient encore le titre de princes à la fin du treizieme siecle. Au quatorzieme, leur maison fut divisée en un grand nombre de branches, dont quelques-unes subsistent encore. Celle de Riez, qui avoit possédé la ville épiscopale de ce nom est éteinte. Mais celle de *Grimaud*, s'est maintenue jusqu'à nos jours, aussi bien que celle de *Norante*. Celle d'*Entrecasteaux* prit, au seizieme siecle, le nom d'*Adhemar de Monteil*, en épousant l'héritiere de la principale branche de cette illustre maison : enfin celle d'*Esparron* & de *Novejan* sont existantes.

Plusieurs seigneurs de Castellane, doués du talent de la poésie, se signalerent parmi les illustres troubadours. Il nous reste de l'un d'eux quelques vers galans en langue Provençale. Heureux, s'il s'étoit borné à ce genre agréable ! Mais il eut l'imprudence & la malignité de composer des satyres contre la princesse Béatrix, héritiere du comté de Provence, qui épousa Charles d'Anjou, frere de S. Louis. On prétend que ce fut une des causes des désagrémens qu'essuya cette maison au treizieme siecle.

Colmars, en latin *Collis martius* ou *Collis martis*, parce qu'on y adoroit le Dieu Mars, est du diocèse de Senez. Cette petite ville est fortifiée, mais de bien peu de conséquence. Je vous ai déja dit que dans son territoire coule une fontaine intermittente, remarquable par ses fréquens retours, & que les montagnes voisines produisent de toutes sortes de simples & des mêmes especes que celles qu'on trouve dans le reste des Alpes. Les autres bourgs ne méritent point d'être remarqués.

Plus avant dans les montagnes, est la vallée de *Barcellonnette*, du diocèse d'Embrun. La petite ville qui en est le chef-lieu porte le même nom. Elle fut bâtie en 1230 sur les bords de l'Hubaye, par Raymond Berenger V, comte de Provence, qui la nomma ainsi, en mémoire de ce que ses ancêtres étoient venus de Barcelonne s'établir dans cette province. L'an 1388, les habitans reconnurent pour leur souverain Amé VII, duc de Savoie. Mais en 1713 elle est rentrée sous la domination françoise, & a été réunie au gouvernement général de la Provence.

Diverses inscriptions anciennes qui ont été trouvées aux environs de Barcelonnette, font juger que les romains avoient quelque établissement dans ce lieu. On croit même que cet établissement étoit une ville dont on ignore le nom, & qui vraisemblablement fut détruite dans des temps de guerre. Il se fait en cette ville un assez bon commerce en bétail & en bled. On dit que cette vallée n'est connue à Paris que par les marmottes que l'on trouve en abondance, & que les jeunes habitans vont montrer dans la capitale.

Je dois nommer ici le petit bourg de *Faucon*, parce que c'est la patrie de *Jean de Matha*, gentilhomme, & un des deux patriarches de la rédemption des captifs. Les religieux déchaussés de cet institut, y firent bâtir un monastere en 1661.

Voici, Madame, un troisieme diocèse de la haute Provence, situé dans les montagnes. C'est celui de *Digne*, borné au nord par celui d'Embrun; à l'ouest par celui de Gap en Dauphiné; & celui de Sisteron; au sud, par celui de Riez, & à l'est par celui de Senez. Cet évêché, suffragant d'Embrun, n'a que trente-trois paroisses.

La ville épiscopale, situéee sur la

petite riviere de *Blesne* ou *Bleaune*, est appellée par Pline & Ptolomée, *Dinia*; ce qui prouve qu'elle est très-ancienne. Ce nom est celtique, & tiré du local même; car, *din* signifie *eau* & *ia*, chaude. Elle fut ainsi nommée à cause d'une fontaine d'eaux minérales chaudes, qui en est tout près, & dont j'ai déja parlé.

On croit que Digne fut sous les empereurs romains une des villes les plus considérables des Alpes maritimes. Aujourd'hui, elle n'est pas grande, & ne contient pas plus de trois mille habitans. Cependant elle est divisée en deux parties, dont l'une se nomme la *Cité*, & l'autre le *Bourg*. Dans la premiere, il y a trois portes, trois fauxbourgs, & des murailles flanquées de tours carrées. Il y avoit aussi dans le bourg trois portes qui sont tombées en ruines. C'est ce qui donna aux huguenots la facilité de le piller trois fois pendant les guerres de religion. L'évêque & les chanoines se réfugierent alors dans la Cité, & y sont restés, quoique l'ancienne cathédrale, qu'on prétend avoir été bâtie du temps de Charlemagne, subsiste toujours dans le bourg ; aujourd'hui presqu'entierement désert. On y va faire l'office à certains jours, surtout aux fêtes de la sainte Vierge, à qui elle est dédiée. Les jours ordinaires, le service se fait dans une église de la Cité, dédiée à S. Jérôme.

Le premier évêque de Digne que l'on connoisse, appellé *S. Domnin*, vivoit vers l'an 340. Parmi les prélats qui ont occupé le siege de cette ville, on distingue Jean *Heroët*, très-bon poëte du seizieme siecle. Il étoit ami de S. Gelais, de Marot & de Rabelais, & traita comme eux, pendant sa jeunesse des sujets agréables & galans. Mais dès que sa vocation pour l'état ecclésiastique fut décidée, il renonça à la poésie, pour ne plus s'occuper que des sciences & des vertus de son état. La régularité de ses mœurs, sa piété, son savoir l'éleverent seuls à cet évêché, où il se conduisit avec autant de sagesse que d'édification.

A une lieue & demie de Digne est le bourg de *Champtercier*, où naquit en 1592 le célebre *Gassendi*, cet émule de Descartes, & qui eut l'honneur de partager avec lui les suffrages des savans de l'Europe. Ces deux grands philosophes se brouillerent, & en vinrent à une rupture ouverte, en écrivant l'un contre l'autre. Mais il ne fut pas difficile de reconcilier deux adversaires qui s'estimoient. C'est ce que vint à bout de faire, l'abbé d'Estrées, depuis Cardinal. Gassendi après avoir été professeur royal de mathématiques à Paris, mourut chanoine-prévôt de l'église cathédrale de Digne.

Le territoire de *Trans*, où j'ai dit qu'on trouve des mines de fer, fait partie de ce diocèse. On m'a assuré qu'il a aussi une fontaine d'eau minérale, très-bonne pour la guérison, ou du moins pour le soulagement des personnes qui sont malades des écrouelles ou du mal de gorge. Il est arrivé dans ce siecle, tout près de cette paroisse, un événement qui mérite d'être rapporté. Un éboulement de terre subit & considérable arrêta tout-à coup le cours de la petite riviere de Bès. Les terres éboulées formant une espece de batardeau, les eaux se répandirent des deux côtés dans le vallon. Mais comme en cet endroit il est assez profond, l'eau ne reprit son cours, que quand tous les creux furent remplis à niveau du batardeau; & par ce moyen il se forma un étang, qui subsiste encore, & qui est bien fourni de poisson.

Il y a assez près de Digne la petite ville de *Seyne*, capitale d'une Viguerie, mais du diocèse d'Embrun.

Je suis, &c.

A Avignon, ce 24 Octobre 1759.

LETTRE CCCLXXXVIII.

SUITE DE LA PROVENCE.

IL me reste encore, Madame, trois diocèses de la haute Provence à vous faire parcourir. Je commencerai par celui de *Riez*, qui confine du côté du nord à celui de Digne, & qui n'est pas à beaucoup près aussi montagneux que les trois précédens. Le climat y est en général fort sain & tempéré ; les environs de la ville épiscopale très agréables ; & la campagne arrosée de petits ruisseaux, y produit en abondance des fruits excellens, & des vins qui passent pour être les meilleurs de la province.

Cette ville est assez jolie, mais très-petite : le nombre de ses habitans n'excede pas celui de mille. Les fondemens en furent jettés par une colonie romaine, que César envoya dans ce pays, dont les habitans vivoient épars dans des chaumieres.

Auguste agrandit considérablement la ville, qui devint la capitale du canton. Les romains la décorerent d'un temple, dédié à cet empereur. On y voit encore un panthéon soutenu par huit colonnes de granit, qui ont vingt pieds de haut. A la naissance du dôme & tout autour, il y avoit en dehors trente-six colonnes de marbre d'un petit module, & en dedans douze niches, où étoient les douze grands Dieux. Vers le milieu du dernier siecle on trouva dans la terre de Sorps, où ces statues avoient été transportées, un Pégase de Jaspe, un Apollon de Corail, une Andromède, une Minerve assez grande, & d'autres restes d'antiquités. Le panthéon fut d'abord changé en baptistaire : aujourd'hui, c'est une église dédiée à S. Clair. Enfin les douze colonnes qui soutiennent l'église du séminaire, & ces quatre de granit, si remarquables par leur grandeur qu'on voit hors des murs, sont autant de monumens qui attestent l'ancienne splendeur de la ville de Riez, ainsi que le goût des romains pour les arts & la magnificence. Les ravages des sarrasins & les guerres civiles du quatorzieme siecle, l'ont réduite à l'étroite enceinte où nous la voyons resserrée.

L'évêque de ce diocèse, composé de cinquante-quatre paroisses, est suffragant de l'archevêché d'Aix. Le premier s'appelloit, dit-on, *Prosper* : il vivoit au commencement du cinquieme siecle ; & l'on croit que c'est l'auteur d'un poëme latin contre les ingrats, qui a été traduit en françois. Mais on n'a une liste suivie des évêques de Riez, que depuis *S. Maxime*, qui fut tirée de l'abbaye de Saint-Honorat de Lerins pour gouverner ce diocèse, & qui mourut après l'an 460. Ses reliques sont conservées dans la cathédrale qu'il fit bâtir, & dont il est regardé comme le patron. On l'appelle communément dans le pays *Saint Maine*. Son successeur *Fauste*, qui avoit été comme lui moine de Lerins, est très connu dans l'histoire ecclésiastique d'Occident : il fut soupçonné de pencher vers les erreurs des pélagiens; mais ses opinions n'ont point été précisément condamnées par l'église.

Au commencement du treizieme siecle, un des évêques de Riez fut légat du pape contre les albigeois. Celui qui lui succéda étoit de la maison de *Sabran*. Il enrichit beaucoup son évêché, en lui procurant de la part des comtes de Forcalquier ses parens, le don de plusieurs seigneuries. Depuis environ l'an 1450 jusqu'au milieu du siecle suivant, ce siege épiscopal a été successivement occupé par cinq prélats de la maison de *Lascaris*, originaire de Grece, qui avoit même possédé l'empire de Constantinople. En 1576, *André d'Oraison*, dont la maison étoit propriétaire de grandes terres dans ce diocèse, en fut nommé pasteur. Mais il se déclara publiquement huguenot, & resta pourtant en possession de l'évêché jusqu'en 1585. On peut dire qu'il le tyrannisa & le ruina même, puisqu'il fit abattre les églises, dont on a eu depuis bien de la peine à relever les principales.

Dois-je vous apprendre, Madame, que Riez est la patrie de l'abbé *Abeille*, ce poëte, j'allois dire, si comiquement tragique. Vous savez que vers la fin du siecle dernier, on représenta sur le théatre françois une tragédie de *Coriolan*, où une actrice ayant pompeusement déclamé ce vers :

Vous souvient-il, ma sœur, du feu roi notre pere,

Un plaisant du parterre répondit sur-le-champ :

Ma foi s'il m'en souvient, il ne m'en souvient guere.

L'auteur de cette piece de théatre étoit l'abbé *Abeille* ; & cependant il fut reçu à l'académie françoise.

De tous les lieux de ce diocèse, il n'y en a que deux de remarquables. Le premier est le village de Gréouls, qu'on dit avoir été habité, même avant les romains. On trouve dans cet endroit des eaux thermales très-salubres, qui ont à-peu-près les mêmes principes que celles de Digne. Cette inscription qu'on y voit gravée, *nimphis XI Griselicis*, a donné lieu de juger que dans le temps où elle fut faite, ces eaux formoient onze sources, dont chacune avoit sa nimphe particuliere, suivant l'opinion des anciens, & que c'est ce qu'on voulut désigner par le nombre onze.

L'autre lieu est la ville de *Moustiers*, qui est fort ancienne, & qui a été autrefois très-peuplée à cause de la fertilité du sol & de la bonté du climat. On croit qu'elle tire son nom d'un monastere bâti par les religieux de Lerins vers la fin du onzieme siecle. Il y a dans cette petite ville une manufacture de fayence, qui passe pour être la plus belle & la plus fine du royaume. Mais une chose bien digne d'attention, est la chapelle de Notre-Dame de Beauvezer, située entre deux montagnes fort hautes, fort escarpées, & séparées par un espace d'environ deux cent cinquante pieds : c'est un lieu de grande dévotion, & fameux par les pélérinages qu'on y faisoit dans les siecles passés. Ces deux montagnes soutiennent une chaine de fer qui s'étend d'un sommet à l'autre, ayant au milieu une grande étoile à cinq rais. Cette promesse d'enchainer deux montagnes, dit-on, est une preuve de la dévotion étrange de nos bons ayeux : car il n'y a pas de doute que ce ne soit ici un vœu dicté par la valeur, & fait par quelques anciens chevaliers à Notre-Dame de Beauvezer, au sujet de quelque entreprise d'armes; soit *courtoise*, soit *à outrance*. L'étoile suspendue à la chaîne, n'est autre chose que les armes du chevalier qui fit ce vœu si singulier.

Le diocèse de *Sisteron* est borné à l'est par celui dont je viens de parler. Il est suffragant d'Aix, & assez étendu. Mais il y en a une partie dans le Dauphiné, & quelques paroisses dans le comtat Venaissin. En revanche les évêchés de Gap & d'Embrun qui ont leur siege principal en Dauphiné, s'étendent dans la Provence; le premier sur quarante paroisses, jusqu'aux portes de Sisteron; & le second sur quatorze. Je vais vous faire conoître à la fois, Madame, les lieux remarquables de cette partie de la Provence, qui dépendent de ces trois évêchés.

La ville de *Sisteron*, en latin, *Segustero*, est située sur la Durance, au pied d'un rocher, surmonté d'une citadelle, sous un climat fort sain, dans une contrée agréable & fertile en toutes sortes de fruits. Mais il n'y a point de monument qui nous atteste qu'elle ait jamais figuré parmi les grandes villes ; & nous sommes autorisés à le présumer d'après le silence même des anciens auteurs. On n'y trouve aucun objet capable de piquer la curiosité du voyageur. Elle renferme environ cinq mille habitans, y compris ceux d'un fauxbourg nommé *la Baume*, qui est du diocèse de Gap.

Les évêques de cette ville, dont un des premiers nommé *Valere*, vivoit au commencement du sixieme siecle, ne firent rien de bien remarquable, jusqu'au neuvieme. A cette époque, ils eurent à défendre leur cathédrale & leur ville épiscopale contre les sarrasins & les hongrois, qui le fer & la flamme à la main, pénétrerent dans la haute Provence. Sisteron éprouva le sort de bien d'autres villes : elle fut plusieurs fois pillée & brûlée. Le premier soin de ces évêques fut de mettre â couvert le corps de *S. Marius* ou *Mary*, qu'ils regardoient comme le protecteur de leur ville. Ils le transporterent à Forcalquier, où étoit une assez belle église défendue par un fort château. On y établit une collégiale ;

collégiale; & aussi-tôt les comtes de Forcalquier prétendirent faire partager à cette église les honneurs dus dans tous les diocèses à la seule cathédrale. Il résulta de cette prétention une concurrence entre les deux églises & les deux chapitres. Celle de Forcalquier eut le titre de *con-cathédrale*. Les chanoines de Sisteron s'intitulerent chanoines de Sisteron & de Forcalquier, & ceux de Forcalquier, chanoines de Forcalquier & de Sisteron.

Le zele & l'exactitude des évêques à partager leur temps entre ces deux églises, leur valurent beaucoup de biens & de grandes terres que leur donnerent les comtes de Forcalquier. Ce fut principalement sous l'évêque *Pierre de Sabran*, que cet arrangement singulier eut tout son effet. Proche parent des comtes, il jouissoit d'un grand crédit à leur cour. Sa dévotion lui avoit fait entreprendre plusieurs pélerinages à la Terre Sainte, d'où il avoit rapporté de précieuses reliques. Dans un de ses derniers voyages, il se lia avec les chevaliers de Saint-Jean de Jérusalem, & en ramena quelques-uns dans son diocèse. Il les servit si bien auprès du comte son cousin, que celui ci leur donna en 1149, la seigneurie de Manosque, qui forme à présent une des plus belles commanderies de cet ordre militaire.

Dans le siecle suivant, le diocèse de Sisteron fut gouverné par un vénérable pasteur nommé *Raoul*, qui posséda dans un degré éminent toutes les vertus du sacerdoce & de l'épiscopat. A la fin de ce siecle & dans le quatorzieme, il s'éleva de grandes contestations entre les chanoines des deux églises au sujet de l'élection de l'évêque, à laquelle ils prétendoient devoir concourir également, mais sur laquelle ils étoient souvent divisés. Ces disputes devinrent moins vives, après que le comté de Forcalquier eût été réuni à celui de Provence. Cependant le titre de *con-cathédrale* est resté à l'église de Forcalquier ; malgré les oppositions des chanoines de Sisteron.

L'évêque de cette ville prend le titre de prince de *Lurs* ; sans doute, parce que l'abbaye de ce nom, qui a la ſeigneurie du bourg où elle eſt ſituée, eſt unie à ſon évêché. Elle avoit été concédée à ce monaſtère par les empereurs qui avoient déclaré les abbés de *Lurs*, indépendans de toute autre ſujétion que de celle de l'empire; & c'eſt de là que ces abbés ont conclu qu'ils en étoient princes. (1).

Après ce que je viens de dire, je

---

(1) Nous nous rappellons ici un évenement funeſte arrivé dans ce village de *Lurs*, le 17 août 1770, ſur les ſix heures & demie du matin; il eſt d'une nature à devoir être rapporté. Le voyageur moderne dans lequel nous l'avons lu, le raconte ainſi : » Une grande partie des paroiſſiens s'étant retirée dans l'égliſe pendant un orage violent, le tonnerre y tomba; tua le curé qui allumoit un cierge à la lampe, & renverſa ſix autres perſonnes. L'égliſe parut, un inſtant après, tout en feu, & l'on éprouva un autre coup de tonnerre, qui renverſa quatre-vingts perſonnes. Cet évenement eſt remarquable par les effets ſinguliers du tonnerre. Un homme qui ſonnoit la cloche, & qui avoit laiſſé ſon chapeau à dix pas de lui, le trouva entre ſes bras. Un autre ſe vit enlever les ſouliers de ſes pieds, qui étoient ſans doute fort larges, comme le ſont les ſouliers des payſans : ils furent portés a une petite diſtance, ſans avoir été brûlés, &

dois m'empresser, Madame, à vous parler de *Forcalquier*, ville située à six lieues de Sisteron, sur une colline où l'on respire un air pur, & dont le pied est baigné par la petite riviere de Laye, qui se jette dans la Durance à deux lieues de là. Elle est entourée de champs très-fertiles, & contient environ quatre mille habitans. Cette ville s'appelloit anciennement, suivant quelques auteurs, *forum Neronis*, *marché de Neron*, parce qu'elle avoit été bâtie à-peu-près dans l'endroit où étoit ce *marché*. Les seigneurs de ce comté y ayant fait élever un château, le nommerent *furnus calcarius*, ce qui veut dire, *four à chaux*, parce qu'effectivement il y en avoit un dans l'endroit même. C'est

sans que les boucles eussent reçu aucune altération. Un rideau qui couvroit un rétable, fut enlevé de la tringle qu'on trouva dans les pitons, comme si elle n'avoit pas remué : il faut qu'elle y fût retombée, après avoir été soulevée par l'action du tonnerre qui, dans le même instant, fit glisser les anneaux du rideau avec la force & la rapidité que tout le monde connoît à ce météore », *Voyage de Provence par M. l'abbé Papon.*

le nom qu'il porte dans des titres des dixieme & onzieme siecle, & d'où est venu celui de *Forcalquier.*

Au milieu du dixieme siecle, Boson II, comte d'Arles ou de Provence, descendant des rois d'Arles ou de Bourgogne, laissa trois fils, *Guillaume*, *Rotbaud*, & *Pons*, entre lesquels il partagea ses états. Guillaume, l'aîné, eut le comté de Provence, c'est-à-dire, la plus grande partie de la province, telle qu'elle est aujourd'hui, relativement à son étendue. Rotbaud reçut en partage des terres considérables, dont Forcalquier faisoit partie : elles s'étendoient dans les montagnes de la haute Provence & du Dauphiné, par-delà la Durance & le Rhône, & comprenoient entr'autres tout le comtat Venaissin, Avignon, Embrun, Valence & Die. On appella ces terres le marquisat de Provence. Pons, le plus jeune des trois freres, fut pourvu, comme je l'ai déja dit, de la vicomté de Marseille.

La postérité de Rotbaud finit par *Emme*, qui épousa Guillaume Taillefer, comte de Toulouse, à qui elle donna deux fils. Lainé, nommé *Pons*, fut comte de Toulouse après la mort de son pere. Il prit aussi le titre de marquis de Provence, conserva une partie de l'héritage de sa mere, & prétendit avoir le haut domaine sur le reste. L'autre nommé *Bertrand* eut le comté de Forcalquier, que sa postérité posséda jusqu'à ce qu'*Adélaïs*, fille de *Guillaume Bertrand*, épousa *Ermengaud*, comte d'*Urgel*.

Le dernier mâle de cette famille d'Urgel, fut Bertrand IV, qui mourut en 1208, comte de Forcalquier. Il n'avoit eu qu'une fille qui étoit morte avant lui, mais qui avoit épousé Regnier de Castellar, que l'on croit avoir été de la maison de Sabran. De ce mariage étoient nées deux filles, dont l'ainée nommée *Garsende*, fut mariée à Alphonse, comte de Provence. *Raymond Berenger*, leur fils, réunit ces deux comtés, & en institua héritiere, sa fille *Béatrix*, qui épousa *Charles d'Anjou*, frere de S. Louis.

Les malheurs qu'avoient essuyés les comtes de Toulouse, protecteurs des albigeois, avoient effacé le souvenir des droits qu'ils prétendoient avoir sur le haut domaine de Forcalquier, à titre de marquis de Provence. Ainsi la postérité de Charles d'Anjou jouit paisiblement des deux comtés de Provence & de Forcalquier. Cependant la maison de Sabran forma sur le Forcalquier quelques prétentions fondées sur ce que Garsende étoit fille d'un seigneur de leur nom, & qu'Alix de Forcalquier avoit épousé Géraud de Sabran. Guillaume de Sabran prit, tant qu'il vécut, le titre de comte de Forcalquier *par la grace de Dieu*. Mais après lui, sa postérité n'a point cherché à réaliser un titre si magnifique.

Guillaume mourut en 1250, & laissa trois enfans qui formerent autant de branches. Gaucher, auteur de la troisieme, fut baron de *Cereste*; & ses descendans conserverent le surnom de Forcalquier. Le dernier d'entr'eux qui étoit évêque de Gap, le transmit par son testament à son neveu Gaucher de *Brancas*, auquel il enjoignit de porter le nom & les armes de *Forcalquier*; c'étoit au seizieme siecle. Depuis cette époque, la branche ainée de la maison de Brancas, établie en Provence, possède la terre de Cerelle, & porte le surnom & les armes du comté dont il est ici question. La maison de Sabran subsiste d'ailleurs dans des branches qui n'ont point de prétentions au comté de Forcalquier, mais qui n'en sont pas moins illustres. Elles descendent toutes de Louis, dernier des fils de Guillaume III, mort au treizieme siecle. Leurs armes sont un lieu rampant avec cette devise latine : *Noli irritare leonem*, *n'irritez pas le lion.*

Le comté de Forcalquier, tel qu'il est possédé aujourd'hui en souveraineté par nos rois, contient la viguerie de *Forcalquier*, y compris *Manosque*, dont la simple seigneurie est à l'ordre de Malte ; celles de *Pertuis*, de *Sisteron*, d'*Apt*, & le haut domaine sur le comté de *Sault*, celui de *Grignan*, & la petite principauté de *Mondragon*. Ces dernieres terres sont à l'écart & au milieu du comtat Venaissin.

En écrivant ceci, Madame, je me suis rappellé ce plaid que Raymond-Berenger IV, tint à Forcalquier au commencement du treizieme siecle, & que je puis citer comme une preuve de la simplicité des mœurs de nos ayeux. Ce prince y est représenté assis au haut de l'escalier, par lequel on montoit au clocher, les principaux seigneurs de sa cour occupant une place bien moins commode encore. Les grands vassaux rendoient alors la justice dans la cour de leur château, assis sur un perron ombragé d'un arbre. L'habitude où l'on est aujourd'hui dans quelques villages d'assembler en été le conseil de ville, sous un orme ou sous un chêne, peut, je crois, être regardée comme un reste de cet ancien usage.

Je ne nomme ici le village de *Mane*, qui est à une lieue de Forcalquier, que pour rapporter un fait dont Gassendi dit avoir été témoin. En passant par ce bourg en 1641, il vit une femme plus qu'octogénaire, qui après avoir perdu ses dents, il y avoit quinze ans, en poussoit de nouvelles, & souffroit les douleurs les plus aiguës, occasionnées par la dentition.

Le pays qu'il faut traverser pour aller de Mane à *Manosque*, est riant & fertile. La contrée où cette petite ville est située, ne l'est pas moins. Arrosée de plusieurs sources, couronnée de côteaux charmans, elle offre un point de vue des plus agréables. La ville est assez jolie ; & très-peuplée pour son étendue. Les comtes de Forcalquier y résidoient pendant l'hiver. Je viens de dire qu'ils la donnerent aux chevaliers de Saint-Jean-de-Jérusalem ; & j'ai dit ailleurs que les reliques du bienheureux *Gérard Tenque*, fondateur de cet ordre, sont conservées dans l'église de la commanderie, qui est toujours possédée par un bailli, grand-croix de l'ordre. Cette ville éprouva en 1708 un tremblement de terre qui renversa plusieurs maisons.

Il n'y a pas long-temps que j'ai lu dans quelque auteur un trait de vertu, dont Manosque fut témoin dans le seizieme siecle, & qui sera certainement bien plus admiré qu'imité. François I y étant arrivé, alla loger chez un particulier, dont la fille lui avoit présenté les clefs de la ville. Elle étoit dans la premiere fleur de la jeunesse ; & sa figure réunissoit tous les attraits piquans de la beauté. Ce monarque né avec une sensibilité que le feu de l'âge rendoit encore plus vive, ne put-la voir sans émotion. Ses regards fixés sur elle, trahirent les mouvemens de son cœur. La jeune personne s'en apperçut; & aussi-tôt elle se détermina au plus grand sacrifice que puisse faire la femme la plus vertueuse. Elle se retira dans sa chambre, & se défigura le visage à une fumée brûlante. François I instruit de cette action vraiment héroïque, se montra aussi généreux qu'il avoit paru ardent dans ses desirs. Il fit compter une somme considérable à la demoiselle, pour lui tenir lieu de dot, & pour être en même-temps un gage de son estime.

A l'extrémité du comté de Forcalquier est la petite ville de *Pertuis*, située sur la Durance. Quelques-uns prétendent, mais mal-à propos, qu'elle est la patrie de *Petrone*, parce que dans les anciens titres, elle porte le nom de *Vicus Petronii*. Ce poëte naquit, comme je l'ai dit, à Marseille ou dans ses environs.

En sortant du diocèse de Sisteron du côté de l'ouest, on entre dans celui d'*Apt*, suffragant d'Aix : il ne comprend que trente-deux paroisses.

La ville épiscopale, chef-lieu de la Viguerie de son nom, située sur la riviere de Calavon, est une des plus anciennes du royaume. On prétend qu'elle existoit du temps des Celtes, qui la nommoient en leur langue *Hat*. Vraisemblablement elle n'étoit alors composée que d'un certain nombre d'habitations placées sans ordre & sans goût. Après la conquête qu'en firent les romains, Jules César la trouvant commode pour le passage des troupes qu'il envoyoit en Espagne contre les fils de Pompée, y établit une légion & une colonie romaine, sous le nom d'*Apta Julia*, d'où est venu celui d'*Apt*. Il fit bâtir sur la riviere de Calavon quelques ponts, dont un qui subsiste encore à une lieue de la ville, a conservé le nom de *pont Julien*. Il a deux cent dix pieds de long sur trente-un de haut, & trois arches en plein ceintre. Celle du milieu qui est parfaitement belle, est plus grande & plus élevée que les deux autres.

Vers la fin du regne d'Auguste, on éleva un temple dans cette ville, & l'on y fonda un collége de prêtres en l'honneur de Rome & de cet empereur.

Quelques inſcriptions font juger auſſi qu'il y en avoit un autre dédié à Minerve. Au commencement de ce ſiecle, on a découvert dans les environs trois ſtatues qui ont été tranſportées à Verſailles. Elles repréſentent un pere, ſon épouſe & leur fille. Mais on ne ſait point en quel lieu elles furent érigées.

Pendant le ſéjour que l'empereur Adrien fit dans Apt, il perdit ſon cheval favori, qui périt par accident à la chaſſe. Il l'appelloit *Boriſthene*, parce qu'il avoit été nourri ſur le bord de ce fleuve de la Sarmatie. Non loin du *pont Julien*, on éleva à ce cheval un ſuperbe mauſolée de marbre noir, dont la pierre ſépulcrale & quelques autres reſtes furent découverts au commencement du ſiecle dernier. L'inſcription latine qui ſert d'épitaphe à *Boriſthene*, eſt un peu briſée. Ce qui manque à la fin, a été ajouté par nos ſavans. En voici le ſens. *Ci gît* Boriſthene, *Alain d'origine, ce fortuné cheval qui avoit l'honneur de porter Céſar, à travers les marais & les plaines inondées; qui voloit en parcourant les campagnes de Pan-*

nonie, & les champs d'Etrurie couverts de tombeaux; que nul ſanglier n'oſa attaquer quand l'empereur le montoit à la chaſſe; qui n'écuma jamais, comme les autres chevaux, ni de la bouche ni de la croupe, & qui fut toujours jeune, ſain & vigoureux juſqu'à la fin de ſes jours.

A la décadence de l'empire romain, la ville d'Apt eſſuya diverſes révolutions. Dans le ſixieme ſiecle, elle fut dévaſtée par les lombards & les ſaxons. A peine commençoit-elle à ſe peupler, que les ſarraſins la ruinerent & la détruiſirent preſqu'entierement. Au commencement du huitieme ſiecle, elle fut rétablie; & dans le ſuivant elle eut ſes comtes ou gouverneurs particuliers. Les empereurs & les rois d'Arles en partagerent enſuite la ſeigneurie entre l'évêque & les conſuls. Enfin les comtes de Forcalquier ſuccéderent aux droits de ces officiers municipaux; & les rois de Naples, comtes de Provence, acheterent ceux des évêques. C'eſt en qualité d'héritiers de ces derniers que nos rois ſont aujourd'hui les ſeuls ſeigneurs de cette ville.

Le premier évêque d'Apt s'appelloit *Saint Auspice*, martyr. On veut mal-à-propos se persuader qu'il a vécu dès le premier siecle de l'église : il est tout au plus du troisieme. Le quatrieme de ces prélats est *S. Castor*, qui avoit été moine & abbé, disciple & ami de S. Cassien. Il fit bâtir la cathédrale, qui porta pendant quelque temps son nom, & où sont encore conservées les reliques de ces deux saints. A la fin du huitieme siecle, sous l'empire de Charlemagne, on prétendit avoir trouvé à Apt le corps de *Ste Anne*, mere de la Sainte Vierge. Turpin, archevêque de Rheims, le reconnut, & en fit la translation, l'an 792, en présence de Charlemagne même avec beaucoup de cérémonies. Le corps distribué dans différens reliquaires, où l'on n'a cessé depuis de le révérer; & la cathédrale quitta le nom de S. Castor, pour prendre celui de *Ste. Anne*.

Au douzieme siecle, l'évêque *Leger d'Agoult* & ses successeurs immédiats procurerent à l'évêché de grands biens de la part des empereurs de la maison de Souabe. Ces prélats reçurent aussi beaucoup de bienfaits de la maison de Simiane. Ce fut sous l'évêque *Guiran*, qu'ils eurent la seigneurie d'une partie de la ville, à laquelle ils renoncerent, comme je l'ai dit, au quatorzieme siecle. Mais ils conserverent de grandes terres aux environs : ils augmenterent même leurs possessions, continuerent de prendre le titre de princes, & userent du droit de battre monnoie.

En 1351, le baron Guiran de Simiane sollicita auprès du pape Clément VI la canonisation d'*Elzear de Sabran*, comte d'Arian au royaume de Naples, & baron d'Ansouis en Provence, mort en 1323, & enterré dans l'église des cordeliers d'Apt. Deux évêques furent députés sur les lieux, les informations nécessaires prises, ses vertus & ses miracles constatés ; & *Elzear* fut inscrit au catalogue des saints vers 1354, du vivant même de sa veuve, *Delphine de Signe*, des vicomtes de Marseille. Elle avoit vécu trop saintement avec son époux, pour ne pas en partager le triomphe, après sa mort, qui arriva en 1360. L'évêque *Elzear de Pondevez* la fit enterrer avec magnificence, & prononça son oraison funèbre. Quelques années après, elle fut aussi canonisée par le pape Urbain V. Les reliques des deux époux, sont conservées en grande vénération, dans cette même église des cordeliers, où ils n'eurent d'abord qu'une simple sépulture. Ils ne laisserent point d'enfans. Mais toutes les branches de la maison de Sabran, qui subsistent encore aujourd'hui, descendent d'Ermengaud de Sabran, frere du saint.

L'évêque de cette ville se qualifie *prince d'Apt*. On y remarque deux abbayes de religieuses, celle de Sainte-Catherine, de l'ordre de Saint Augustin, & celle de Sainte-Croix, de l'ordre de Cîteaux, ainsi que plusieurs couvens de l'un & de l'autre sexe. Le commerce qui s'y fait, consiste en diverses sortes de fruits, sur-tout en prunes & en pruneaux. La bougie qu'on y fabrique, est aussi fort estimée, & le débit en est considérable. C'est la patrie du P. *Carriere*, cordelier, dont nous avons des ouvrages théologiques, & de Pierre d'*Artigues*, seigneur de *Vaumoriere*, auteur des cinq derniers volumes du roman de *Pharamond*. *La Calprenède* n'avoit fait que les sept premiers lorsqu'il mourut.

A deux lieues d'Apt, dans le village de *Gault* ou *Goult*, on voit la premiere verrerie qui ait été connue en Provence. Elle fut établie par le bon roi René, qui fit venir en cet endroit des verriers du haut Dauphiné. Il se plaisoit si fort à les voir travailler, qu'il fit construire dans cette verrerie une chambre qui subsiste encore, & qu'on appelle *la chambre du roi René*. Ce prince, protecteur des arts, ennoblit le nommé *Féré*, qu'il avoit mis à la tête de ces ouvrages. C'est de lui qu'étoit issu *Nicolas de Fer*, géographe connu par un grand nombre de cartes qu'il a données au public.

Vous savez, Madame, l'action atroce par laquelle Eudes de *Faiel*, seigneur du Vermandois, se signala vers la fin du douzieme siecle. Vous vous rappellez que *Gabrielle de Vergy*, sa femme, eut le malheur de plaire à Raoul de Coucy. Cet aimable & jeune seigneur ayant été blessé mortellement dans un combat contre les sarrasins, engagea sous le serment son écuyer à prendre son cœur après sa mort, & à porter ce funeste présent à celle pour qui seule ce cœur avoit soupiré. Mais le messager fut surpris dans les avenues du château par Faiel lui même, qui se saisit du fatal dépôt. Il eut la barbarie de le faire servir en hachis à sa femme, qui le mangea sans rien soupçonner, & de lui dire après cet horrible repas, que c'étoit le cœur de son amant qu'elle venoit de manger. La malheureuse dame s'évanouit, & jura qu'*elle ne prendroit plus de nourriture*; ce qui la conduisit au tombeau. Eh bien, Madame, le village de *Roussillon*, du diocèse d'Apt, a été, dans le même siecle, fameux par un pareil crime, accompagné de circonstances qui le rendent encore plus atroce.

Guillaume de Cabestaing, né de parens nobles, mais pauvres, étoit entré dans la maison de Raymond, seigneur de Roussillon, pour être son *varlet*, c'est-à-dire page. Des manieres agréables, une figure séduisante lui gagnerent les bonnes graces de sa femme Marguerite, de la maison de Tarascon. Raymond s'en apperçut;

& la jalousie lui inspira le projet de la plus terrible vengeance. Il conduit un jour Cabestaing hors du château, fond sur lui l'épée à la main, le tue, lui coupe la tête, & lui arrache le cœur. De retour, il donne ce cœur à son cuisinier, comme un morceau de venaison, lui ordonne de le faire cuire, & d'y mettre un assaisonnement convenable. Marguerite aimoit la sauvagine, dit l'historien; & pour sauvagine, elle mangea ce qu'on lui servit; puis Raymond lui dit: » Dame, savez-vous de quelle viande vous venez de faire si bonne chere! Je n'en sais rien, répondit-elle, sinon qu'elle m'a paru exquise. Vraiment, je le crois volontiers, répliqua le mari; aussi est-ce bien chose que vous avez le plus chérie, & c'étoit raison que vous aimassiez mort, ce que tant aimâtes vivant. A quoi la femme étonnée répartit avec émotion: comment! que dites-vous! Alors lui montrant la tête sanglante de Cabestaing: reconnoissez, ajouta-t-il, celui dont vous avez mangé le cœur. A ce spectacle, Marguerite tombe évanouie; & peu après revenant à elle-même; oui, dit-elle d'une voix où la tendresse se faisoit sentir à travers le désespoir, oui je l'ai trouvé tellement délicieux ce mêts dont votre barbarie vient de me nourrir, que je n'en mangerai jamais d'autre, pour ne pas perdre le goût de ce qui m'en reste : à bon droit m'avez-vous rendu ce qui fut toujours mien ». Raymond transporté de fureur, court sur sa femme, l'épée à la main : elle fuit, se précipite par la fenêtre, & meurt de sa chûte. Le bruit de cet évenement tragique se répand aussi-tôt dans tous les environs. Les parens de Marguerite & ceux de Cabestaing, les comtes & les chevaliers du pays, enfin tous les amans, dit encore l'historien, s'assemblent, pour venger l'honneur de la chevalerie. Le château de Raymond fut détruit, & ses terres ravagées. Le corps de Marguerite & celui de Cabestaing furent ensévelis dans le même tombeau devant la porte de l'église paroissiale, où l'on représenta leur histoire. Nous ne savons pas si ce fut en peinture ou autrement, parce qu'il n'en reste aucune trace.

On a dit que la premiere histoire,

telle qu'elle est rapportée, est un roman. Vraisemblablement, on peut en dire autant de celle-ci : je me plais à le croire. Je sais bien qu'il ne faut pas juger des mœurs d'un siecle par celles de quelques personnages même illustres. Mais je sens que si ces deux histoires étoient véritables, je regretterois moins les temps de la chevalerie.

Le seul duché qu'il y ait en Provence, se trouve dans ce diocèse, près de la ville d'Apt : c'est celui de *Villars*. Il fut érigé par Louis XIII l'an 1627, en faveur de George de Brancas, baron d'Oyse & seigneur de Champtercier; deux terres qui furent réunies à celles de Villars pour l'érection de ce duché. Au mois de juillet 1652, il fut érigé en pairie.

Au nord-est de ce duché & dans les montagnes, est le bourg de *Simiane*, où il y a une rotonde digne d'être remarquée. L'intérieur en est éclairé par une ouverture faite au centre de la voûte, comme le panthéon de Rome. Les douze niches qu'on y voit, font juger que c'étoit anciennement un temple dédié aux douze grands Dieux.

En terminant cette lettre, je vous nommerai, Madame, la petite ville de *Saignon*, située à une lieue d'Apt, sur une montagne, où s'éleve un rocher qu'un homme, nommé *Bertrand*, a rendu en quelque sorte fameux. Il fit publier dans toute la province qu'au moyen des aîles qu'il avoit imaginées, il voleroit du haut de ce rocher jusques sur le clocher de l'église d'Apt. Mais ce prétendu nouvel icare ne jugea pas à propos de tenir sa promesse; & il fit très-sagement.

Je suis, &c.

A Avignon, ce 26 Octobre 1759.

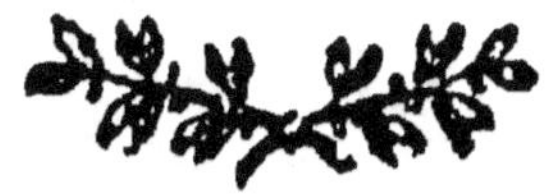

LETTRE CCCLXXXIX.

Suite de la Provence.

Me voici, Madame, depuis avant-hier aux confins de la Provence & aux portes du Dauphiné; à Grignan. Mais vous recevrez plusieurs lettres de moi avant mon départ de cette jolie petite ville. Je serai bien aise de m'y reposer quelques jours. D'ailleurs il faut bien qu'avant de sortir de la Provence, je vous en acheve la description. Les villes & autres lieux, dont je vais vous parler, font partie de cette province, sans être d'aucun de ses diocèses. Je commence par le lieu d'où je vous écris.

La petite ville de *Grignan*, district & recette des terres adjacentes, est agréablement située dans un très-beau bassin, arrosé par la riviere de Berre & celle de Lez, entre le comtat Venaissin & le Dauphiné: elle est du diocèse de Saint-Paul-trois-Châteaux, dans

dans cette dernière province. Cette terre, l'une des plus belles & des plus considérables de la Provence, est très-noble & très-ancienne. Quoiqu'elle n'ait porté que le titre de baronnie, elle a joui des plus beaux privileges, même de ceux de la souveraineté. Les seigneurs qui ont possédé ce domaine, ont toujours tenu dans cette province le rang le plus distingué.

On prétend que la maison d'*Adhémar* peut prouver une descendance constante & suivie depuis le temps de Charlemagne. Il paroît certain, dit-on, que cet empereur, dans les dernieres années de sa vie, avoit fait duc de Gênes, Adhémar, un de ses chevaliers ou paladins, qui avoit conquis la Corse sur les sarrasins. Ce duc ayant été tué dans une seconde expédition qu'il entreprit en Sardaigne contre ces mêmes mahométans, ses enfans partagerent sa succession qui étoit très-considérable. Le duché de Gênes resta à l'aîné : les cadets eurent de grandes terres en Dauphiné. Un de ses freres, évêque de Mayence, présida, dit-on, à leurs arrangemens.

En conséquence de ce partage, la maison d'Adhémar se divisa en plusieurs branches. Une eut la ville de *Saint-Paul-trois Châteaux* & *Montdragon* : une autre forma la seconde branche des princes d'Orange : une troisieme conserva la seigneurie de *Monteil* en Dauphiné. Celle-ci agrandit, embellit & fortifia cette ville ; qui prenant le nom de ses seigneurs, s'appella *Monteil-Aimart*, d'où l'on a fait *Montelimart*. De cette branche sont sortis les premiers seigneurs de Grignan, qui ont toujours conservé le nom de *Monteil*, joint à celui d'*Adhémar* ou *Aimart*.

En 1160, Gérard Adhémar de Monteil reçut de l'empereur Frédéric I l'investiture de Grignan, avec les plus beaux droits, entr'autres celui de battre monnoie. Il voulut bien en 1164 rendre hommage à Raymond-Berenger, comte de Provence, mais sous la réserve de tous ses droits. L'année suivante, ce même Gérard épousa Mabille, vicomtesse en partie de Marseille, qui laissa aux enfans issus de ce mariage, sa portion de cette vicomté. Après cette acquisition, les Adhémar de Monteil, seigneurs de Grignan, se fixerent de plus en plus en Provence, tandis que les autres branches restées en Dauphiné se multiplioient ou s'éteignoient. En 1257, Adhémar, baron de Grignan, rendit hommage à la comtesse Béatrix, en se réservant néanmoins tous les droits dont il jouissoit dans cette terre. Charles d'Anjou, mari de Béatrix, assura au baron cinquante livres de rente sur le revenu de la ville de Marseille : mais c'étoit, disent quelques auteurs, pour racheter les anciens droits de la vicomtesse de Mabille. Quoi qu'il en soit, les seigneurs de Grignan ont été regardés en Provence comme les plus grands du pays après les comtes.

Cette belle terre de Grignan fut érigée en comté l'an 1550 par Henri II, en faveur de Louis Adhémar de Monteil, qui fut le dernier de cette branche. Il mourut en 1557, laissant pour héritier de tous ses biens *Louis de Castellane d'Entrecasteaux*, son neveu; & comme il se croyoit le dernier de la maison d'Adhémar, il lui ordonna d'en prendre le nom & les armes. Ses dernieres volontés furent fidelement remplies par Louis de Castellane & sa postérité, qui finit l'an 1704, en la personne de ce comte de Grignan, qui avoit épousé la fille de madame de Sévigné. Pendant ce temps, les comtes de Grignan furent toujours revêtus de la qualité de lieutenans-généraux, commandant dans la Provence. Deux d'entr'eux furent chevaliers des ordres du roi, & deux de leurs freres successivement archevêques d'Arles, dont un étoit commandeur de l'ordre du Saint-Esprit.

Le château de Grignan est un des plus beaux édifices anciens qu'on puisse voir. Cependant le dernier comte l'a fait ajuster à la moderne, & l'a orné de nouveaux bâtimens construits sur les meilleurs plans. Il y a dans cette petite ville, une belle église collégiale, fondée par les Adhémar : le doyen officie avec la mitre & la crosse. La justice de ce comté ressortit directement au parlement d'Aix, seulement dans les cas royaux, qui étoient rares autrefois. Elle s'étend sur la petite ville de *Colonzelles*,

& sur quelques villages des environs.

La petite ville de *Montdragon*, terre adjacente du comté de Provence, enclavée dans le comtat Venaissin, & située au pied d'une chaîne de montagnes, à une demi-lieue du Rhône, dans un terroir également agréable & fertile, est aussi du diocèse de Saint-Paul-trois-Châteaux. Elle a le titre de principauté; & les archevêques d'Arles, qui en sont seigneurs temporels, prennent le titre de princes de Montdragon. Les Adhémar la possédoient autrefois, comme je l'ai dit plus haut: on ne sait depuis quel temps ils l'ont perdue.

Les villes de Provence, qui sont du diocèse d'Avignon, mais sur lesquelles le pape n'a aucune souveraineté temporelle, ne sont pas en grand nombre. La plus considérable est *Tarascon*, chef-lieu d'une viguerie de son nom. Elle est à quatre lieues nord d'Arles, dans une riante contrée sur la rive gauche du Rhône, vis-à-vis Beaucaire, qui est sur la rive droite. On passe sur un pont de bateaux, pour aller de l'une à l'autre de ces deux villes. Le vulgaire croyoit même autrefois qu'il y avoit par-dessous le lit de ce fleuve, une communication souterraine, qui pouvoit conduire d'une ville à l'autre.

L'étymologie du nom de *Tarascon* qui est grec, prouve l'ancienneté de cette ville. Quelques auteurs ont conjecturé qu'elle doit son origine à un comptoir que les marseillois y établirent, après que Pompée leur eut donné les deux bords du Rhône. La grande quantité de marchandises qu'ils faisoient remonter par ce fleuve, leur rendoit cet établissement nécessaire. Quoi qu'il en soit, le mot grec d'où vient celui de *Tarascon*, signifie *troubler* & faire *peur*. Ne seroit-ce pas cette étymologie qui, dans des temps d'ignorance & de superstition, a donné naissance à la fable d'un énorme dragon, qu'on appelle *la Tarasque*, qui, dit-on, ravageoit le pays, & que *Sainte Marthe* dompta & fit mourir par l'efficacité de ses prieres? On en a fait une représentation fort grossiere en bois, qu'on porte en procession la seconde fête de la Pentecôte & le jour de Sainte Marthe, avec les reliques de cette sainte. Cette représentation occupe, & peut-être même édifie le peuple. Mais les personnes éclairées savent que ce dragon, & tant d'autres que l'on dit avoir été écrasés par des saints, ne sont que des allégories qui indiquent la destruction du paganisme, de l'idolâtrie & des vices, monstres moraux & métaphysiques.

S'il n'y a point de cathédrale à Tarascon, au moins y trouve-t-on une belle & ancienne église collégiale sous l'invocation de Ste. Marthe. Les reliques de cette sainte y sont conservées dans une châsse d'or, enrichie de grenats, & fort bien travaillée. On prétend que c'est une des plus riches du royaume : Louis XI en fit présent au chapitre en 1475. Au-dessus de cette châsse, est la peau du dragon dont je viens de parler. Dans l'église souterraine, on trouve à droite, en descendant, le tombeau de Jean de Cossa, baron de Grimaud, grand sénéchal de Provence, qui suivit le roi Réné en-deça des monts, lorsque ce prince eut été dépouillé du royaume de Naples par les arragonnois. Il y a dans la chapelle du fond la statue de Ste. Marthe, couchée sur un lit de parade, pris en grand & fort bien fait. La statue est d'un très-beau marbre, ainsi que le lit, & un des meilleurs morceaux, dit-on, qu'il y ait en France. Cette ville a d'ailleurs plusieurs couvens de religieux, un college & plusieurs monasteres de religieuses, entr'autres une belle abbaye de Benedictines, dédiée à S. Honorat. Ces religieuses font remonter leur origine jusqu'au temps de l'épiscopat de cet archevêque, premier abbé & fondateur de *Lérins*.

On voit aussi à Tarascon un beau château que le roi Réné fit bâtir. Il est fort par sa situation : le point-de-vue dont on jouit sur ses terrasses, est admirable & des plus étendus. Il y a des monumens du goût un peu singulier de ce bon prince ; & c'est en cela qu'il mérite plus particulierement l'attention du voyageur.

Sous les comtes de Provence, on célébra plusieurs fois des tournois dans cette ville. Le plus remarquable de ces jeux militaires est celui qui se fit l'an 1449, en présence du roi Réné, de la reine son épouse, & de toute sa cour. Philippe de Lénoncour, & Philibert de l'Aigue, furent les deux champions qui soutinrent le combat. Il seroit trop long de rapporter les noms des seigneurs qui entrerent dans la lice. Je distinguerai seulement Louis de Beauveau, grand sénéchal de Provence, qui a décrit en vers ce tournois, & qui concourut pour le prix avec Gui de Laval, & Ferri de Lorraine. Ce tournois dura trois jours. Le bon roi René ordonna, avant de partir de Tarascon, de payer exactement la dépense qu'il avoit faite. *Je ne veux pas quitter la ville*, dit-il, *que tout le monde ne soit content.*

Tarascon a vu naître deux hommes célébres dans les sciences. Le premier est André *du Laurens*, professeur de médecine à Montpellier, & premier médecin du roi Henri IV. Il nous a laissé un bon *traité d'anatomie* en latin, qui a été traduit en françois.

L'autre savant est Joseph Privat de *Molieres*, prêtre, de l'académie des sciences, & professeur de philosophie au collége royal. C'étoit un cartésien des plus ardens. Il publia entre autres ouvrages, son système *des petits tourbillons*, qu'il soutenoit avec la plus vive chaleur, n'entendant point raillerie sur les plaisanteries qu'on lui en faisoit quelquefois. Un jour il y fut si sensible, qu'il se mit en colere, & sortit tout échauffé de l'académie. Le froid le saisit : en rentrant chez lui, il sentit sa poitrine embarrassée : la fievre lui survint, & le mal empira si rapidement, qu'il mourut cinq jours après. Cependant cet homme étoit d'un flegme & d'une insensibilité singuliere, lorsqu'il s'abandonnoit à ses méditations philosophiques. Un jour, dit-on, qu'il étoit dans ses distractions, un décroteur ôta les boucles d'argent que notre rêveur avoit à ses souliers, & en substitua de fer. Une autre fois, un voleur entra dans son appartement; & Molieres, sans se détourner de ses études, lui indiqua son argent, & se laissa voler, demandant pour toute grace qu'on ne dérangeât pas ses papiers.

La petite ville de *Saint-Remi*, viguerie de Tarascon, est aussi du diocèse d'Avignon. Les plus anciens auteurs en font mention sous le nom de *Glanum* ; ce qui prouve que son origine remonte à la plus haute antiquité. Elle étoit en effet une des principales villes des Saliens, & fut également considérable du temps des romains. Ce fut sous le regne de Clovis qu'elle changea de nom. Ce monarque étant entré en Provence pour assiéger Avignon, où s'étoit réfugié Gondebaud, roi des bourguignons, étoit accompagné de *S. Remi*, archevêque de Rheims, qui l'avoit baptisé. Clovis lui fit présent de la ville & du territoire de *Glanum*, qui prit alors le nom du saint archevêque.

On a trouvé dans cette ville ou dans ses environs, des médailles, des fragmens, & des traces d'antiquités. A un quart de lieue de ses murs, on remarque sur-tout deux grands monumens entiers, qui, quoique dégradés dans leurs ornemens, ont fourni matiere à plusieurs dissertations. Le premier est un mausolée très-solide, qui a plus de huit toises de hauteur. La base en est carrée, chargée de bas-reliefs, mais si effacés par les injures du temps, qu'on n'y apperçoit plus que des vestiges de bataille. Au-dessus est un bâtiment carré, beaucoup plus élevé en maniere de portiques, & percé à jour des quatre côtés par autant d'arcades, dont les angles en forme de pilastres d'ordre corinthien, sont canelés & chargés d'ornemens. On y remarque même une tête ou espece de masque à l'endroit de la clef, avec des guirlandes & des feuillages en bas-relief sur les ceintres. Au-dessus de ce portique est un autre étage composé de dix colonnes d'ordre corinthien, toutes isolées & canelées: elles forment une espece de rotonde ou lanterne terminée par une calotte. Il y a quelque temps qu'on voyoit au-dedans deux statues debout, drapées & vêtues à la romaine, & qui ont été depuis renversées. Elles sont sans tête, & appuyées contre deux piliers dans l'intérieur de la lanterne. L'inscription qu'on lit sur la face principale de ce mausolée, a fait conjecturer à nos savans que *Sextius*, fondateur de la ville d'Aix, mari de Julie, qui étoit de la famille de Jules César, l'avoit fait élever à la mémoire de ses ancêtres, & des victoires par eux remportées en Provence.

L'autre monument est un arc de triomphe, où tout respire l'élégance & le bon goût du siecle d'Auguste. Les inscriptions sont indéchiffrables. Mais on croit qu'il fut élevé en l'honneur de *Nero Claudius Drusus*, frere puiné de l'empereur Tibere. Ce grand général mourut sur les bords du Rhin, d'une chûte de cheval, à l'âge de trente ans. Les habitans de *Glanum* honorerent sa mémoire, parce qu'il étoit parent, par sa mere Livie, de M. *Livius Drusus*, bienfaiteur signalé de cette ville, qui en prit le nom, puisqu'on l'appella depuis *Glanum Livii*.

Le domaine temporel de la ville de Saint-Remi a été pendant longtemps possédé par les archevêques de Rheims. Louis XIII la donna au prince de Monaco, comme une dépendance de la seigneurie de Baux.

La viguerie de Tarascon renferme d'autres petites villes, qui sont du diocèse d'Avignon, telles qu'*Orgon*, située presque sur le bord de la Durance, au pied d'une montagne escarpée, où étoit autrefois un château fort, & où est actuellement un couvent d'augustins réformés; *Barbentane Château-renard*; *Noves*, *Aiguieres*, &c. Aucun de ces lieux n'offre rien de remarquable. Mais en général, les environs en sont agréables & fertiles.

Je suis, &c.

A Grignan, ce 31 Octobre 1759.

LETTRE CCCXC.

SUITE DE LA PROVENCE.

NOUS ne sommes pas encore, Madame, hors des limites du comté de Provence. Il nous reste à connoître un petit pays qui en fait partie : c'est la vallée de *Sault*, situće à l'extrémité de la viguerie d'Apt, entre le comtat Venaissin & le Dauphiné. Quelques-unes de ses paroisses appartiennent à divers diocèses, soit du Dauphiné, soit de la Provence. Mais la plûpart dépendent de l'évêché de Carpentras, qui a son siege principal dans le comtat.

La ville de *Sault*, chef-lieu de ce pays, est petite, & ne contient qu'environ six cents habitans. Il y a un château fort ancien, au milieu duquel est une tour carrée. On croit que cette tour est le premier édifice qui fut bâti dans le pays, au sommet d'une montagne, autrefois environnée d'une forêt, d'où seroit venu le nom *Saltus* & ensuite celui de *Sault*. Le torrent qui y passe, se nomme *la Crau*, & se joint, bientôt après, à la petite riviere de Nesque. Le territoire en est fort varié. Des pâturages excellens & très-propres à engraisser le gros bétail, y croissent en abondance. Les prairies s'étendent dans la vallée l'espace de quatre lieues de longueur, deux lieues au-dessus & autant au-dessous de la ville.

A une petite distance de Sault, est un sauxbourg appellé *la Loge*, avec un couvent de religieux, dont l'église est l'ancienne paroisse de la ville. Le prieur & le curé de Sault y vont prendre possession de leurs bénéfices. Non loin de là, on trouve des *eaux minérales*, sulphureuses & très-limpides, qui ont la réputation d'être bonnes contre la dyssenterie & les ravages que cause la bile. Le commerce de la Vallée consiste principalement en grains, bestiaux, fruits, & autres menues marchandises. La jurisdiction seigneuriale ressortit directement au parlement d'Aix.

L'histoire de ce petit pays tient à celle de la maison d'*Agoult*; & ceux maiſon fait remonter ſon origine bien haut. Elle a même, dit-on, des chimeres fort extraordinaires. Il ne s'agit ici ni de les adopter, ni de les contredire. Bornons nous à croire qu'elle deſcend de *Humbert*, ſeigneur d'Apt, qui vivoit au commencement du onzieme ſiecle. Son petit-fils fut le premier qui porta le nom d'Agoult. Il laiſſa deux enfans, dont l'aîné conſerva le nom du pere, & le cadet prit celui de Simiane en épouſant l'héritiere de cette maiſon.

L'an 1108, l'empereur Henri IV inféoda la terre de Sault à *Raymond d'Agoult*. Les deſcendans de celui-ci en jouirent en Franc-Aleu, noble & indépendant juſqu'en 1291. A cette époque Iſnard d'Agoult voulut bien en faire hommage à Charles II, roi de Sicile, comte Provence. Ce monarque le dédommagea de cet acte de complaiſance, en le laiſſant jouir dans ſa baronnie de Sault de tous les avantages compatibles avec la vaſſalité. Il lui donna de plus la charge de grand ſénéchal de Provence, qui a été remplie, dans l'eſpace de deux cents ans, par *dix* ſeigneurs de cette maison. Cette charge étoit le plus bel emploi du pays, puisque le grand sénéchal, premier officier du comte, gouvernoit la Province en son absence.

Au commencement du seizieme siecle, cette branche ainée & principale de la maison d'Agoult s'éteignit. Il n'en resta qu'une fille, qui porta son nom, avec la baronnie de Sault, à un seigneur de la maison de Montauban en Daûphiné. En 1651, cette baronnie fut érigée en comté par Charles IX, en faveur de François de Montauban, petit-fils de cette héritiere de la maison d'Agoult. Ses descendans mâles finirent en la personne de Louis d'Agoult, qui institua son héritiere du comté de Sault, Chrétienne d'Aguerre, sa mere. Celle-ci avoit encore une fille nommée Jeanne, de François Louis d'Agoult. Mais elle avoit eu d'Antoine de *Blanchefort de Créqui*, son premier mari, un fils appellé Charles, à qui elle donna le comté de Sault, au préjudice de Jeanne d'Agoult sa propre fille. Charles de Créqui devint maréchal de France, & duc de Lesdiguieres par son alliance avec Magdeleine de *Bonne*, fille unique du connétable de Lesdiguières. L'arriere-petit-fils de Charles étant mort sans postérité en 1703 le comté de Sault échut à François de *Neufville*, duc de *Villeroi*, dont la mere Magdeleine de Créqui, étoit fille du maréchal de Créqui & de Bonne-de-Lesdiguieres.

Cependant on a toujours vu & l'on voit encore en Dauphiné & en Provence différentes maisons & branches, qui portent le nom d'Agoult. Il est vrai que tous nos auteurs pensent que du moins ceux de Provence n'appartiennent à la premiere que par les femmes : mais ils sont d'ailleurs d'une très-bonne & très-ancienne noblesse. En effet, les d'*Agoult* d'Olieres viennent des anciens vicomtes de Marseille; & les d'*Agoult-Vincent* sont originaires de la ville d'Aix, où ils tenoient anciennement un rang très-distingué. Ils occupoient les premieres charges municipales, étant inscrits sur les registres avec cette épithete remarquable, *Damoiseau*, qui différencioit les magistrats issus de race noble, d'avec ceux qui avoient été tirés de la simple bourgeoisie. C'est en 1491, que les *Vincent* furent adoptés par Fouquet, de l'ancienne maison d'Agoult.

J'ajouterai ici, d'après les historiens de Provence, & particuliérement Nostradamus, que les anciens seigneurs de cette maison se sont distingués non-seulement dans la carriere des armes, mais encore dans celle des lettres & des sciences. Quelques-uns n'ont pas dédaigné de suivre le barreau, & ont été de grands jurisconsultes. Guillaume d'Agoult étoit le plus bel esprit de la cour de Raymond Bérenger. Il accompagna en France Marguerite de Provence, fille de ce prince, & femme du roi S. Louis, & fit assaut de vers & de chansons en langues provençale & romance, avec l'illustre Thibaut, comte de Champagne, roi de Navarre. Ce même Fouquet d'Agoult, qui avoit adopté les Vincent, fit ou traduisit l'épitaphe du bon roi René dans toutes les langues alors connues en Europe, & même en grec & en hébreu. Enfin deux dames d'Agoult ont figuré parmi les présidentes de la cour d'Amour, établie par la célebre comtesse Etiennette de Baux.

La maison de *Simiane*, séparée de celle d'Agoult depuis plus de sept cent cinquante ans, a formé bien des branches, dont plusieurs ont été très-illustrées. Il en existoit encore beaucoup au seizieme siecle : la plûpart se sont éteintes. Les aînés possédoient en Provence le village de Simiane, la baronnie de Caseneuve & celle de Gordes. Cette branche finit au quatorzieme siecle. Une seconde branche, qui avoit eu Gordes en partage, devint l'aînée; & c'est d'elle que descendent tous les rameaux qui subsistent encore, quoique les principaux se soient éteints dans le cours du siecle dernier & de celui-ci. Il y en a un qui s'est établi en Dauphiné, & un autre dans la ville d'Aix même. Les aînés de celui-ci sont entrés dans la magistrature, & y ont possédé des charges, tandis que leurs cadets, la plûpart reçus chevaliers de Malte, servoient dans les troupes de terre & dans celle de la Marine. La branche établie en

Dauphiné leur avoit donné cet exemple, ayant eu plusieurs présidens à mortier du parlement de Grenoble, & même des officiers de la chambre des comptes.

S'il faut en croire nos anciens auteurs, la maison de *Pontevez* est encore une branche de celle d'Agoult, séparée un peu plus tard que celle de Simiane; mais du moins au treizieme siecle. La branche principale & la plus riche s'est éteinte à la fin du quinzieme, & les terres ont passé dans la maison de Simiane-Gordes. Mais le nom subsiste dans plusieurs branches cadettes, qui portent toujours les armes d'Agoult écartelées avec celles de Pontevez.

Outre cette maison d'Agoult & ses différentes branches, outre celles dont j'ai eu occasion de parler ailleurs il y en a bien d'autres dans cette province qui ne sont pas moins illustres; & j'ose croire, Madame, que la lecture de ce que je vais vous en dire, ne vous sera point désagréable. Le bon roi René avoit donné des épithetes, que l'on appelloit des *sobriquets*, à vingt-huit maisons de Provence qui étoient regardées comme les plus considérables de son temps. Ces épithetes nous sont parvenues avec les manuscrits de ce prince. Elles sont, pour la plûpart, honorables aux familles qui les portoient. Mais il y en a quelques-unes qui sont critiques, & que, par-là même, je crois devoir passer ici sous silence.

Ce roi René, juste appréciateur du vrai mérite des seigneurs de sa cour, mettoit au-dessous des armes de Blacas, ces mots, *vaillance de Blacas*; au-dessous de celles d'Agoult, *bonté d'Agoult*, & au-dessous de celles de Pontevez, *prudence de Pontevez*. La conquête du royaume des deux Siciles, par Charles d'Anjou, frere de Saint Louis, & comte de Provence, fut une époque glorieuse pour les Blacas. Ce prince, après avoir vaincu l'usurpateur Mainfroi, eût à combattre Conradin, son compétiteur au royaume de Naples; & ce fut Guillaume de Blacas qui fit celui-ci prisonnier après l'avoir blessé de sa main. Pierre III, roi d'Arragon, ayant excité à la révolte les Siciliens, qui firent un horrible massacre des Français, connu sous le nom de *vêpres siciliennes*,

Charles irrité lui demanda raison de cette perfidie, & lui proposa un combat singulier. Il fut convenu entre les deux monarques qu'ils se rendroient à Bordeaux, chacun avec cent chevaliers. Charles ne manqua pas de s'y trouver, accompagné de Guillaume de Blacas, & de quatre-vingt-dix-neuf autres chevaliers, la plûpart provençaux. Mais le roi d'Arragon ne parut point. Quelques années après, Charles II d'Anjou, fils & successeur de Charles I, fut fait prisonnier par les arragonnois. *Blacasset de Blacas*, fils de Guillaume, ayant été envoyé comme ôtage, pour procurer sa délivrance, fut lui-même, par une nouvelle perfidie, retenu dans les fers. Enfin, les Blacas figurent en vingt endroits dans l'histoire de Naples & dans celle de Provence.

Les armes de cette maison sont une comète ou grande étoile à seize rais, rayons ou pointes. Ce sont à-peu-près les mêmes que portoient autrefois les comtes de Baux, & anciennement les *Balbs ;* ce qui a fait penser à quelques-uns de nos vieux auteurs que toutes ces maisons pouvoient avoir la même origine. Mais loin de

se

se borner à cette conjecture qui, dans le fond, n'a rien d'invraisemblable, ils n'ont pas craint de faire remonter cette origine jusqu'au commencement de l'Ere chrétienne; & ces écrivains ont osé dire que les seigneurs de Baux descendoient de Balthazar, l'un des trois rois mages qui rendirent leurs hommages à Jesus-Christ dans la crêche, & que l'étoile qu'on voit dans leurs armes, représentoit celle qui servit de guide à ces premiers adorateurs du du messie. La maison de Balbs ne subsiste plus précisément dans aucune branche. Mais il y a plusieurs bonnes maisons qui ont la prétention d'en descendre.

Vous ne serez pas étonnée, Madame, des chimeres que je viens de rapporter, quand vous saurez qu'il y a bien d'autres familles provençales qui en ont d'aussi singulieres. Je ne les répéterai pas ici, pour ne pas faire un roman. Je crois seulement devoir observer que la plupart de ces fables ont pris naissance dans les chansons mêmes des troubadours. Ces poëtes provençaux voulant flatter les seigneurs & les dames qu'ils chantoient, inventoient des contes relatifs à leur famille. Au reste, il ne faut pas croire que tous ces troubadours aient été des hommes subalternes, obligés de faire leur cour. Il y a eu beaucoup de grands seigneurs, qui s'honoroient de ces talens, & dont les plus anciens titres sont, pour ainsi-dire, des chansons. Telle est la famille des *Amalric*, dont le premier auteur vivoit l'an 1300. Ses poésies nous sont restées; & le premier sonnet que nous connoissions, est de sa composition.

La maison de *Boniface* existe encore en Provence. Une de ses branches figuroit au seizieme siecle à la cour de France, sous le nom de la *Mole*. Cette maison prétend avoir donné son nom à la ville de *Boniface* dans l'ile de Corse. Le premier des Adhémar qui, comme je l'ai dit ailleurs, fit la conquête de cette île, fut accompagné dans cette expédition d'un chevalier provençal. Celui-ci s'établit près d'un cap qui fait face à l'ile de Sardaigne, & y établit une ville qu'il appella *Boniface*. On remarque que cette maison porte des armes parlantes : ce sont des faces blanches & vermeilles.

Je ne sais si la maison de *Bouliers* subsiste encore. Elle jouoit un grand rôle en Provence sous le regne du roi René. *Fidélité de Boilliers ;* c'est la belle épithete que ce monarque leur avoit donnée pour joindre à leurs armes.

Je ne sais pas non plus s'il y a encore dans Arles ou à Grasse des *Boucicaut*. Ces messieurs ont un titre remarquable : ce sont des lettres de noblesse, à la vérité, seulement de l'an 1597, mais qui portent cette circonstance singuliere, qu'ils sont de la même famille que Jean le Maingre de Boucicaut, maréchal de France, si renommé sous le regne de Charles VI, & qui ne fut pas le seul de son nom qui se signala dans les armées pendant les quatorzieme & quinzieme siecle. En conséquence, ils furent autorisés à porter le nom & les armes de ces grands hommes, qui sont une aigle à deux têtes & une fleur de lis en cœur, avec cette devise latine : *In altis habito ; je me tiens au plus haut.*

La famille des *Coriolis* est en Provence également illustre dans la magistrature & dans l'épée, & a donné un grand nombre de chevaliers à l'ordre de Malte. De vieux nobiliaires de cette province la font descendre de ce fameux Coriolan, qui, dans les premiers temps de la république romaine, prit les armes contre sa patrie, dont il vint faire le siege à la tête des volsques, & qu'il leva presqu'aussi-tôt, s'étant laissé toucher par les pleurs de sa femme & de sa fille. On peut croire que cette filiation n'est pas bien établie. Mais cette maison a d'ailleurs beaucoup d'illustrations plus certaines.

Le nom des *Jarenté* se trouve sur la liste des croisés qui suivirent les premiers comtes de Provence à la Terre Sainte. Ils existoient donc dès le onzieme siecle; & leur filiation est bien prouvée depuis ce temps. Ils ont eu en 1105 un abbé de Saint Bénigne de Dijon, qui fit élever dans cette abbaye un tombeau à son pere, surnommé *le bon Jarento*. Celui-ci avoit été gouverneur de Hugues II, duc de Bourgogne, de la premiere race e ces ducs descendans de Hugues-Capet & du roi Robert. L'épithete que le roi René avoit mis au bas de leurs armes, étoit *subtilité de Jarente*. Cette maison est aujourd'hui partagée en deux branches, celles des marquis de *Senas*, & celle des seigneurs de *la Bruyere*.

Je doute qu'il y ait en Provence & même en France, beaucoup de maisons, dont la généalogie rassemble d'aussi beaux titres que ceux de la famille des *Porcelets*. Ils n'ont cependant jamais eu de prétentions à la souveraineté ; ils n'ont même jamais possédé ni principauté, ni comté, ni baronnie. Mais depuis l'an 1000, ils ont toujours tenu leur place parmi les meilleurs gentils-hommes de la province ; ils se sont toujours alliés avec des demoiselles du plus grand nom ; & ceux qui existent encore, prouvent une filiation de vingt-six degrés, depuis Amédée des Porcelets, qui vivoit à Arles au commencent du onzieme siecle, & qui étoit seigneur d'un petit fauxbourg de cette ville, que l'on appelloit encore au seizieme siecle *la Porcele*.

On peut mettre au nombre des véritables fables l'hiſtoire d'une dame de cette maiſon, qui ayant vu une truie mener neuf petits cochons qu'elle avoit faits, en fut ſi frappée, qu'elle accoucha de neuf enfans qui vécurent tous, & qui firent ſouche. Ce qu'il y a de sûr, c'eſt que les Porcelets ont dans leurs armes une truie ou un cochon. Ce ſymbole a toujours été gravé & ſculpté ſur la maiſon qu'ils poſſédent de toute ancienneté à Arles, & qui conſerve d'ailleurs des marques de nobleſſe, puiſqu'elle eſt entourée d'une grille; preuve qu'elle avoit autrefois droit d'aſyle.

Le roi René avoit écrit au bas des armes de ces gentils-hommes, *grandeur des Porcelets*; épithete juſtement méritée par leurs belles actions. Je vous ai raconté ailleurs le trait généreux de celui qui, dans la Paleſtine, ſauva la vie ou la liberté à Richard roi d'Angleterre. Mais vous ignorez peut-être l'anecdote ſuivante. Un chevalier de leur famille avoit ſuivi Charles d'Anjou à la conquête de la Sicile, où il s'étoit diſtingué par ſes exploits. Ce prince lui avoit donné en récompense un commandement assez considérable dans la ville ou aux portes de Palerme. La sagesse, la prudence, l'équité avec laquelle il s'y conduisit, lui attirerent l'estime & l'admiration des siciliens. Il en fut autant aimé & adoré, que les autres françois ou provençaux de la suite de Charles d'Anjou en étoient haïs & détestés. En 1282, une conspitation affreuse éclata contre les françois en Sicile (*les vêpres siciliennes*); tous furent massacrés le jour de Pâques. *Guillaume des Porcelets* fut seul épargné & n'eut que le chagrin d'entendre toutes les bouches lui répéter que si tous ses compatriotes lui avoient ressemblé, leur prince n'auroit jamais perdu la Sicile. Voilà le modele des bons gouverneurs.

Un témoignage si éclatant en faveur de ce digne chevalier le rendit encore plus cher à son roi. Charles jusqu'à sa mort, ne l'appella plus que *son conseiller & chambellan familier & fidele*. Cette dénomination se perpétua dans les deux postérités du souverain & des Porcelets. La seconde maison d'Anjou hérita des sentimens de la premiere pour cette famille. A la mort du bon roi Réné, une branche de la maison des Porcelets s'attacha à Yolande, sa fille, duchesse de Lorraine, & se maintint long-temps avec distinction dans cette cour. Les autres branches sont restées en Provence, & étoient encore très-considérées au seizieme siecle. Je ne sais si les Porcelets d'aujourd'hui possédent la terre de Maillane qui avoit été érigée pour eux en marquisat en 1647.

Telles sont les anciennes & illustres familles originaires de Provence, dont les généalogies contiennent les traits les plus singuliers. Mais dans le nombre des maisons qui sont établies dans cette province, il y en a au moins la moitié dont l'origine est étrangere. La plupart y ont passé d'Italie, à la suite des comtes de Provence de la maison d'Anjou, & même des rois de France, qui les ont ramenées de Naples, de Sicile ou de Florence. Quelques unes sont venues de Gênes ou du Piémont. Je vais nommer celles dont les auteurs du seizieme siecle font une mention honorable, & indiquer le lieu de leur origine.

Les *Arcussia* sont originaires de Naples. *Elisée d'Arcussia*, général, en 1191, des galeres de l'empereur Frédéric Barberousse, étoit seigneur de l'ile de Caprée. Ces gentils-hommes vinrent s'établir en Provence en 1395. Leur branche aînée existoit encore à Naples, au seizieme siecle, & y jouissoit d'une grande considération. L'épithete que le roi Réné avoit écrite au bas de leurs armes, étoit, *gravité d'Arcussia.* De nos jours ils étoient séparés en deux branches, celles des vicomtes d'*Esparron*, & celle des seigneurs *du Revest.*

L'Ombrie, où est situé le château de *Baschi*, est le lieu d'origine de la famille de ce nom. *Guichard de Basch* s'étant attaché au roi Louis II, de la maison d'Anjou, le suivit en Provence vers l'an 1411. Il eut la seigneurie de Saint-Esteve, qui est restée dans cette famille, dont une branche s'est établie en Languedoc.

Au milieu du quatorzieme siecle, la maison de *Brancas* étoit déjà très-illustre dans le royaume de Naples,

Elle se transplanta en Provence vers l'an 1390. Plusieurs cardinaux & un maréchal de l'église romaine étoient sortis de cette famille, qui possédoit en souveraineté une petite île dans l'archipel. Les branches qui ont passé dans cette province, n'ont pas moins continué d'être illustrées, que celles qui sont restées en Italie. Le premier rameau de celle de France avoit hérité de la baronnie de Céreste, & du beau titre de comtes de Forcalquier. Le second possédoit la baronnie d'Oyse & la seigneurie de Villars, dont il avoit pris le nom. Il produisit, à la fin du seizieme siecle, un amiral de France. Ce fut en faveur du frere de celui-ci que les deux terres réunies furent érigées en duché, l'an 1627, comme je l'ai déja dit, sous le nom de *duché de Villars*.

Les *Doria* sont-ils originaires de Gênes ou de Provence? C'est une question sur laquelle nos auteurs sont partagés; mais qu'on peut résoudre, avec plus de probabilité, à l'avantage de ceux qui prétendent que notre province a été le berceau de cette illustre maison. Consultez les poëtes provençaux du treizieme siecle ; vous trouverez *Perceval Doria*, qui, après avoir fait de grands exploits militaires, les chantoit lui-même. Il fut l'un de ces cent chevaliers choisis par Charles d'Anjou, qui avoit proposé au roi d'Arragon de décider leur différent par un duel. Il avoit composé dans sa jeunesse un poëme en l'honneur du comte Raymond Berenger, beau-pere de Charles, & l'avoit intitulé, *las victorias de moussu lou Comte.* Il est encore l'auteur de *la fina folia d'Amour.* Simon Doria, son fils, figure aussi parmi les troubadours. En 1276, il se tint une cour d'amour, où il plaida sa propre cause. La marquise de Saluces, Clarette des Baux, Hugone de Sabran, & plusieurs autres dames célebres furent ses juges. On sait que les princes de la maison d'Anjou resterent pendant un temps maîtres de Naples & de Gênes. Ainsi l'on ne doit pas être surpris que les Doria s'y soient établis. C'est même sur ces deux théatres qu'ils ont acquis le plus de gloire, & qu'ils ont été véritablement illustrés. Cependant à la fin du quinzieme siecle, une branche revint, dit-on, se fixer à Avignon, & subsiste encore à Tarascon. Une autre s'est transplantée, en 1530 à Marseille.

Dans la ville d'Arles & aux environs, il y a des gentils hommes de la maison des *Grillo*, nobles génois, qui passerent en Provence au seizieme siecle.

La principale branche des *Grimaldi* a joui de tous les honneurs des souverains étrangers, en France. Une autre tient un des premiers rangs parmi les plus nobles maisons génoises. Cependant elles sont regardées comme étant d'origine provençale & françoise. Il ne seroit pas possible de contester cette opinion, si l'on admettoit leur descendance de *Grimoald*, maire du palais des derniers de nos rois de la premiere race, & frère de Charles Martel. Mais en laissant à part toutes ces chimeres, on voit que Guy Grimaldi, premier prince de Monaco, étoit fils de Gibelin Grimaldi seigneur d'Antibes, de Cagnes, de Cannes, du Golfe de Grimaud, & de la ville de Saint-Tropez, qui lui avoient été donnés par les rois d'Arles & les premiers comtes de Provence, vers l'an 980, parce qu'il en avoit chassé les sarrasins. Toutes ces possessions sont successivement sorties de cette famille. La seule principauté de Monaco est constamment restée libre & indépendante dans la branche aînée.

Cette illustre maison de Grimaldi s'est séparée en bien des rameaux. Celui de Gênes remonte au commencement du treizieme siecle. Vers 1275, un autre s'établit dans le comté de Nice, & posséda le comté de Beuil. Cette branche finit d'une maniere tragique au commencement du dix-septieme siecle. Celle des Grimaldi de Naples & de Sicile fut conduite dans ce pays au commencement du quatorzieme siecle par les rois de la maison d'Anjou. Ce fut dans ce même siecle que la branche qui porte encore le nom de Grimaldi d'Antibes, rentra en Provence, où elle subsiste aujourd'hui.

Les *Riqueti* ont pris leur origine dans la ville de Florence. Mais on ne peut pas révoquer en doute que *Pierre Arichetti* ou *Riqueti* n'ait passé en Provence au commencement du quatorzieme ſiecle, avec le roi Robert d'Anjou. Ses talens pour la guerre & pour l'adminiſtration, étoient connus de ce monarque. Auſſi le nomma-t-il gouverneur de la petite ville de Seyne, qui étoit alors une place frontiere & importante pour la ſûreté du comté de Provence. Pierre de Riqueti remplit de toute maniere les eſpérances de ſon prince, en conſervant fidelement cette place, où il fit bâtir un grand & bel hôpital. Il y fut enterré l'an 1350, & l'on y éleva à ſa mémoire un ſuperbe mauſolée.

Les deſcendans de Pierre Riqueti continuerent d'occuper des poſtes honorables en Provence, & ne s'allierent qu'avec des demoiſelles de la plus grande diſtinction. Après avoir multiplié les monumens de leur bienfaiſance & de leur piété dans différentes villes, entr'autres dans celle de Riez, ils ſe montrerent zélés catholiques durant nos funeſtes guerres de religion. C'eſt ce qui leur attira la haine des huguenots, qui porterent la rage du fanatiſme juſqu'à détruire l'hôpital de Seyne & le tombeau de Pierre de Riqueti. Ce n'eſt pas la ſeule fois qu'ils l'ont exercée sur les cendres des morts, & sur les pierres qui les couvroient. Le marquis de Mirabeau, auteur de l'*Ami des Hommes*, est sorti de cette maison de Riqueti. Peut-on faire un plus grand éloge de cet homme si estimable, qu'en disant que l'on a appliqué à sa personne le titre même de son livre.

Enfin, voici la derniere des grandes maisons établies en Provence, dont je vous parlerai, Madame; celle des *Vintimille*, qui, sans contredit, est une des plus illustres. Nos anciens auteurs en font remonter la généalogie jusques aux marquis d'Yvrée qui oserent prendre le titre de rois d'Italie. On trouve des titres du dixieme siecle, qui donnent aux comtes de Vintimille la qualité de marquis des Alpes. Mais la filiation de ceux d'aujourd'hui ne peut être établie d'une maniere certaine que depuis le treizieme siecle. Il est constaté qu'ils se séparerent alors en plusieurs branches. Les aînés céderent tous leurs droits sur le comté de Vintimille à Charles d'Anjou, comte de Provence, & eurent en retour des rentes considérables & des terres dans cette province. Emmanuel de Vintimille épousa Sibile, sœur de Bertrand de Signe, l'un des vicomtes de Marseille. Il mourut sans enfans, en 1290, après avoir laissé par testament toutes ses possessions à ses neveux, petits-fils de sa sœur, à condition qu'ils prendroient le nom, les armes & le titre de vicomtes de Marseille : c'est ce que les descendans de ceux-ci observent encore aujourd'hui, quoiqu'ils aient renoncé à leur part dans la seigneurie de cette ville.

Dans le même temps que la branche aînée des Vintimille adoptoit le nom de Marseille, une autre de la même maison, qui possédoit le comté de Tende, prenoit celui de *Lascaris* ; nom, comme je l'ai dit ailleurs, d'une ancienne famille impériale de Constantinople ; & une troisieme passoit en Sicile avec les princes de la maison d'Anjou. Celle-ci a formé les rameaux des comtes de *Jeraci* & de *Belmonte*, qui tiennent un des premiers rangs parmi les grands seigneurs de cette île. Le bon roi Réné avoit donné pour épithete à cette maison, *Constance de Vintimille.*

Ces petits détails que je viens de vous tracer, Madame, d'après nos anciens auteurs, sur les maisons illustres, dont notre province a été le berceau ou la patrie par adoption, doivent vous mettre à portée de juger de ce qu'elle a été dans des siecles bien antérieurs au nôtre. Je pense en effet que ces especes de nomenclatures accompagnées de faits constatés, sont très-propres à nous donner une juste idée de l'état ancien d'une nation ou d'une simple province. D'ailleurs, il est bien naturel que nous cherchions à connoître les grands hommes & les nobles familles, qui ont pris naissance ou qui sont venus s'établir dans le pays que nous habitons. Notre vanité y trouve son intérêt, & notre amour pour la patrie un aliment.

Il est un autre objet, que vous me permettrez, Madame, de ne point passer sous silence : je le crois assez intéressant & assez curieux pour nous : c'est la langue qu'on nomme improprement *provençale*, & que le tiers de notre nation parle ou entend. Mais loin de m'engager dans aucune discussion, plus loin encore de prendre le ton d'un érudit ou d'un rhéteur, je me bornerai à vous dire un mot sur son origine.

Cet idiome, usité aujourd'hui dans nos provinces méridionales, est un mélange de plusieurs langues. La *celtique* est la plus ancienne : on la parloit, aux temps les plus reculés, dans tout le pays compris entre la Méditerranée, l'Océan & la Loire, qu'on nomma dans la suite *Gaule celtique*. Lorsque les phocéens se furent établis en Provence, cette langue subit quelques changemens par l'addition de plusieurs mots & de plusieurs façons de s'exprimer, que ces nouveaux peuples y introduisirent. Ils parloient communément *grec* entr'eux & avec les naturels du pays, & faisoient même en cette langue leurs contracts & toutes leurs écritures. Aussi voyons-nous beaucoup de mots provençaux extraits d'une racine purement grecque. Après que César eut fait la conquête des Gaules, les romains y apporterent la langue *latine*. Les préteurs, les questeurs & autres officiers qu'ils établirent dans les diverses provinces, ne rendoient la justice aux parties, & ne leur parloient ordinairement qu'en latin. Enfin, les francs, les goths, les allemands & autres peuples du Nord, s'étant emparés de tout ce pays, y introduisirent leur langue naturelle, c'est-à-dire, la *tudesque* ou *saxone*.

Voilà les trois principales langues, du mélange desquelles s'est formé cet idiome *provençal*, qui prit le nom de *langue romance* ou *romaine*, langue qui devint bientôt la plus usitée. On en trouve une preuve dans le concile d'Arles, tenu en 851, sous Charles *le Chauve*. Il y a un article par lequel il étoit ordonné aux ecclésiastiques de ne faire leurs instructions qu'en langue romance, afin que chacun les entendît. Je dois ajouter ici que dans l'espace de plusieurs siecles, divers peuples, tels que les sarrasins, les lombards, les arragonnois, les siciliens, les italiens, &c. ayant successivement subjugué ou possédé la Provence, mêlerent leur langage avec celui des naturels du pays. On remarque en effet un grand rapport entre l'idiome provençal, la langue espagnole & l'italienne.

Vous savez, Madame, que nos premiers rois de la troisieme race fixerent leur résidence à Paris. Il se forma insensiblement dans cette capitale une nouvelle langue, qui retint à la vérité le nom de *romance*, mais qui devint dans la suite tout-à-fait différente de cette ancienne langue *romance*, qui avoit pris naissance dans la Gaule narbonnoise. Celle-ci ne se conserva dans sa pureté, que dans les provinces situées, par rapport à Paris, au-delà de la Loire, fleuve qui partage la France en deux parties presqu'égales, l'une vers le nord, l'autre vers le midi. Les françois du nord disoient *oui*; ceux du midi disoient *oc*; ce qui fit distinguer la France en pays de langue d'oui, & de langue d'oc. Dans la succession des temps, la langue d'oui prit le nom de *langue françoise*, & la langue d'oc, celui de *langue provençale*. Ce nom que celle-ci conserva long-temps, elle le dut aux comtes de Toulouse, qui prenoient, comme je l'ai dit ailleurs, le titre de *marquis de Provence*. C'est ce même nom qui a fait imaginer à plusieurs auteurs modernes que cette langue avoit pris naissance en Provence seulement, & que les troubadours qu'on appelloit *poëtes provençaux*, étoient pareillement originaires de cette province. Mais ces écrivains ont été dans l'erreur, puisque le titre de *provençal*, loin d'être particulier aux habitans de la Provence, étoit commun à tous ceux qui vivoient sous la puissance des comtes de Toulouse, & qui parloient la langue provençale; langue qui est la même que celle qu'on parle encore aujourd'hui en Languedoc; langue, qui, pour le dire en finissant, n'offre aucun mot, aucune expression, qu'on se soit jamais avisé de proscrire ou de regarder comme vieux, & qui, par-là même, n'a rien perdu de sa force, de sa hardiesse, de sa variété, de sa richesse. Il seroit bien à souhaiter qu'on pût en dire autant de la langue françoise.

Je suis, &c.

A Grignan, ce 4 Novembre 1759.

LETTRE CCCXCI.

L'ÉTAT D'AVIGNON.

LA description d'un pays enclavé dans la Provence, mais indépendant de ce comté, doit naturellement trouver ici sa place. Vous jugez d'avance, Madame, que je veux parler de cette contrée, qui renferme deux petits états, celui d'*Avignon* & le *comtat-Venaissin*. Le pape les possède en pleine souveraineté depuis plus de quatre cents ans. Mais les rois de France y ont conservé plusieurs droits. Ces deux états sont entièrement distincts & séparés. Ils ont chacun leurs loix, leurs magistrats, leurs statuts & leurs coutumes particulières. Aussi le souverain pontife les gouverne-t-il par deux hommes différens, dépositaires de son autorité; *Avignon* par un *vice-légat*, qui est toujours un prélat de grande distinction, & le *comtat* par un ecclésiastique de moindre considération, qu'on appelle *recteur*.

L'*état d'Avignon*, situé entre le Rhône, la Sorgue & la Durance, est contigu au comtat Venaissin. Il a deux grandes lieues de longueur, sur une largeur un peu moins considérable. Le terroir, presque tout en plaine, est un des plus beaux & des plus fertiles. Il est arrosé d'une branche de la Sorgue, & traversé par un canal tiré de la Durance, qui vont se perdre dans le Rhône. C'est à l'embouchure de ce bras de riviere, tout auprès de ce canal, & sur la rive gauche du Rhône même, qu'est situé Avignon.

Cette ville est originairement gauloise. Une colonie de marseillois, par conséquent grecque, alla s'y établir pour y faire le commerce, & la rendit considérable. Les romains s'en étant emparés, y envoyerent une colonie quarante-huit ans avant Jesus-Christ. Elle fut bientôt agrandie, devint très-florissante, & jouit de ce que l'on appelloit *les droits des villes italiques*. Lors de la distribution des Gaules

gaules en provinces, elle dépendit de la *premiere viennoise*. Le quartier principal bâti sur le rocher de *Dons* étoit défendu par des murailles, dont on voit encore des traces qui annoncent la plus solide structure & la plus noble magnificence. Au sommet de ce rocher, est aujourd'hui une plate-forme admirable, d'où la vue se promene avec plaisir sur une vaste campagne extrêmement variée. On croit qu'il y avoit autrefois un temple de Diane, de figure ronde, incrusté de marbre en dedans, & orné de belles colonnes. Les bateliers & les voyageurs qui descendoient le Rhône, se vouoient à cette chaste déesse, & d'aussi loin qu'ils découvroient son temple, ils le saluoient avec respect, en disant, *ave Diana*. Dans la suite, ce terme se corrompit : on en fit *ave niana*, & bientôt *ave nio*. C'est delà, dit-on, qu'est venu le nom d'*Avenio*, *Avignon*.

Près de ce temple, au même endroit où est à présent l'église métropolitaine de *Notre-Dame des Dons*, étoit un autre temple consacré à Hercule, à qui l'on avoit donné, suivant l'inſcription qui y étoit gravée, le titre d'avignonois & de protecteur des habitans. Vers le milieu du douzieme ſiecle, en creuſant des fondemens de maiſon, près des anciennes murailles de la ville, on trouva une belle colonne de jaſpe, où étoit repréſentée la victoire que le proconſul Domitius Ænobarbus avoit remportée, dans la plaine d'Avignon, ſur Teutomalion, roi des ſaliens, environ cent vingt ans avant l'Ere chrétienne. Pluſieurs colonnes de porphyre, des débris de belles ſtatues, des lieux ſouterrains deſtinés ſans doute à renfermer les animaux qui ſervoient aux ſpectacles, des fragmens d'inſcription, qu'on a trouvés en divers endroits, enfin mille précieux reſtes ont fait conjecturer qu'il y avoit anciennement dans cette ville, des bains publics, des temples magnifiques, & un amphithéatre.

La découverte du monument de la victoire de Domitius Ænobarbus m'en rappelle une autre plus intéreſſante, faite par des pêcheurs en 1656, dans le Rhône, près d'Avignon. C'eſt celle de ce fameux bouclier d'argent du poids de quarante-deux marcs, où est représentée la mémorable action de Lucius Scipion, qui rendit une jeune princesse espagnole, sa captive, & d'une rare beauté, à un prince des celtibériens, à qui elle avoit été promise. Je dois dire ici que ce bouclier est à Paris dans le cabinet des antiquités du roi, avec un de la même force & du même poids, trouvé en 1714 en Dauphiné. Celui-ci est un ouvrage carthaginois; & l'on a lieu de croire qu'il avoit été consacré par Annibal à quelque divinité du pays, à son passage du Rhône.

Avignon a essuyé plus que beaucoup d'autres villes les ravages des peuples du Nord, qui, vers la fin de l'empire, passerent de France en Italie, ou qui vinrent d'Italie en France. Les premiers barbares qui s'en emparerent, furent les bourguignons. Clovis vint jusqu'à ses portes, & en fit le siege qu'il fut obligé de lever. Des bourguignons, cette ville passa aux ostrogoths, & de ceux-ci à nos rois de la premiere race, & fit partie du royaume d'Austrasie. Les sarrasins s'en rendirent les maîtres vers l'an 730: Charles

Martel la reprit sur eux. Ces barbares y rentrerent ; & ce ne fut qu'au prix de bien du sang, que nos rois de la seconde race en devinrent & en resterent les seuls possesseurs. Bientôt après elle tomba sous la domination de ces rois de la Bourgogne transjurane d'Arles & de Provence, dont j'ai déja parlé.

Vous pouvez vous rappeller, Madame, que, lors de la décadence de ce royaume, les comtes de Provence devinrent les maîtres de la plus grande partie des seigneuries particulieres, s'emparerent du reste, & que quelquefois la même ville fut partagée entre plusieurs d'entr'eux. Avignon fut dans ce cas, & eut trois souverains, les comtes de Provence, ceux de Toulouse ; & pendant un temps, ceux de Forcalquier. Les deux premiers étant divisés, & même en guerre, les avignonois profiterent de ces troubles, pour former une espece de gouvernement républicain qui dura environ trente ans, & eut, comme les républiques d'Italie, des podestats. Durant cet intervalle la ville d'Avignon souffrit tous les malheurs de la guerre, en punition de son attachement au comte de Toulouse, Raymond *le vieux*, chef des albigeois. Louis VIII l'assiégea, la prit, & en fit abattre les murailles & toutes les maisons des environs.

Charles d'Anjou & Alphonse de Poitiers, freres de S. Louis, ayant épousé, l'un l'heritiere du comté de Provence, & l'autre celle du comté de Toulouse, s'accorderent pour soumettre cette ville, qu'ils posséderent par indivis. Le comte Alphonse mourut sans enfans, & laissa sa part à Philippe *le Hardi*, son neveu. Philippe *le Bel*, fils de celui-ci, la céda en 1290 au roi de Naples, comte de Provence. Ainsi la ville d'Avignon appartint tout entiere aux descendans de ce prince, qui en jouirent jusqu'à ce qu'en 1348, Jeanne reine de Naples & comtesse de Provence, la vendit (ou l'engagea, disent quelques auteurs), pour la somme de quatre-vingt mille florins au pape Clément VI. Les prédécesseurs de ce pape avoient fait leur résidence à Avignon. Le premier fut Clément V, né dans le diocèse de Bordeaux. Il se fit couronner, en 1305, à Lyon; où il appella les cardinaux. *Mathieu Rosso Des Ursins*, leur doyen, dit à cette occasion : *l'Eglise ne reviendra de long-temps en Italie; je connois les gascons*. Le vieux cardinal ne se trompoit pas. Le nouveau pape déclara qu'il vouloit faire son séjour à Avignon, & s'y fixa en 1309. La cour romaine y resta pendant soixante-dix ans : c'étoit peut-être la plus riche & la plus fastueuse de l'Europe.

L'évêché d'Avignon est un des plus anciens de la Gaule. S'il faut en croire les vieux historiens, *S. Ruf*, fils de Simon le Cyrénéen, vint en Provence avec S. Lazare, Ste. Marthe & Ste. Magdeleine, fut l'apôtre du comtat-Venaissin, & gouverna le premier l'église d'Avignon. Son successeur immédiat fut *S. Just*. Le sixieme évêque est *S. Donat*; le seizieme, *S. Magnus*, qui eut pour successeur son propre fils; *S. Agricole*, mort en 700, & que la ville d'Avignon regarde particulierement comme son patron. Après celui-ci vint *S. Veremont*. Les reliques de tous ces saints prélats sont conservées dans la cathédrale de cette ville. Dans la suite des évêques plus modernes, il faut distinguer *Jacques d'Ossa*, qui fut élu pape sous le nom de Jean XXII.

Pendant le séjour des souverains pontifes à Avignon, Clément VI & Innocent VI gouvernerent ce diocèse par eux-mêmes, & n'y nommerent point d'évêques particuliers. Ce ne fut qu'en 1475 que Sixte IV, de la maison de la *Rovere* ou du *Roure*, érigea Avignon en archevêché, en considération de son neveu, qui après en avoir été le premier archevêque monta sur le trône pontifical, & se rendit si terrible & si fameux sous le nom de *Jules* II. Les chanoines de cette église avoient embrassé la régle de S. Augustin, en 1096, sous le pape Urbain II. Ils furent sécularisés en 1481, par le même pape Sixte IV, qui leur accorda de beaux privileges. Ils officient en chapes rouges, comme les cardinaux; & les prêtres du second ordre en portent de violettes.

La plus grande partie de la ville d'Avignon est en plaine : il n'y a qu'un quartier qui soit bâti sur le rocher de *Dons*, dont j'ai déja parlé. L'enceinte entiere est renfermée dans de belles murailles, partie de pierres de taille, partie de briques, avec des tours carrées de distance en distance. On trouve que ces murs rappellent très-bien l'idée des murs de Rome : aussi ont-ils été presqu'entierement élevés pendant la résidence des papes à Avignon. Cette fortification quoique entourée d'un fossé, n'est cependant rien moins que redoutable depuis l'invention du canon.

La situation de cette ville est des plus favorables. Au couchant, le Rhône coule le long de ses murailles. Les bords de ce fleuve sont embellis de quais & de jettées, auprès desquels se rangent les bateaux & les radeaux ; & un peu plus loin, des allées d'arbres forment des promenades agréables. Aux autres côtés de la ville, s'étend une belle plaine, variée de terres labourables, de prairies, de vignes & de jardins, & plantée d'une très-grande quantité de mûriers. Entre cette plaine & le fossé de la ville, il y a un très-beau cours planté d'ormeaux alignés, que l'on a soin de tailler & d'élaguer. Il est borné, du côté de la campagne, par un ruisseau, dont les eaux toujours claires & limpides ne tarissent presque jamais. Enfin je doute que relativement aux promenades, à la fertilité du sol, & à la variété des productions, il puisse s'offrir aux yeux du voyageur, rien de plus agréable & de plus beau que les dehors d'Avignon, lorsqu'il y arrive par terre. Mais ce qu'il y a, sinon de plus remarquable, du moins de plus renommé, est ce pont que la tradition & même toutes les chroniques du pays assurent avoir été bâti l'an 1177, par les suites & l'effet d'un miracle. Voici comme il est raconté dans tous nos anciens historiens.

Un jeune berger de dix huit ans, nommé *Benezet*, c'est-à-dire, le petit Benoit, pieux & simple, gardant les moutons de sa mere de l'autre côté du Rhône, eut pendant plusieurs nuits de suite, des songes ou des révélations, où il crut voir Jesus-Christ en personne, qui lui ordonnoit de bâtir un pont sur le fleuve. Le petit berger répondoit à Notre-Seigneur qu'il ne pourroit exécuter cet ordre ni fournir aux frais, ne possédant que ſept oboles. » Ne craignez rien, mon fils, j'y pourvoirai », lui répondoit-on. Déterminé par ces avis ſurnaturels, le berger Benezet paſſa le Rhône; & il lui en couta trois oboles, qu'un Juif exigea de lui pour le recevoir dans ſa barque. Il ne lui en reſtoit plus que quatre; & néamoins il ſe rendit auprès de l'évêque, à qui il expoſa ſa miſſion. Le prélat le regardant comme un fou ou un imbécille, le renvoya à ſon prévôt, avec ordre de le traiter en conſéquence. Celui-ci, pour ſe moquer du jeune homme, lui propoſa de tranſporter juſques ſur le bord du Rhône une groſſe pierre de taille qui étoit dans la cour du palais, & que trente hommes ne pouvoient remuer. Benezet ne balança point à accepter la propoſition, & chargea cet énorme fardeau ſur ſes épaules. L'évêque & bientôt après tout le peuple accoururent, admirant ce miracle, & regarderent dès-lors ce jeune berger comme un ſaint & un envoyé de Dieu. On prit en lui toute confiance, & l'on s'empreſſa de lui faire d'abondantes aumônes, qui ſuffirent au payement des matériaux & des ouvriers nécessaires pour la construction du pont. On y travailla durant sept ans, & il n'y eut aucune de ces années, qui ne fût marquée par plusieurs miracles qui redoubloient le zele & la confiance des peuples. Benezet mourut en 1184. L'ouvrage fut entiérement fini en 1188; & il resta encore d'assez grosses sommes, qu'on appliqua à la construction d'une chapelle & à la fondation d'un hôpital. Les quêtes continuerent pour l'entretien du pont; & il se forma successivement un revenu considérable destiné à cet objet.

Cependant on travailla à la canonisation de l'architecte. Le procès-verbal & les informations faites à cette occasion en 1188, existent encore. Il n'y a pas bien long-temps qu'on pouvoit les lire dans la bibliotheque des célestins d'Avignon. Elles contiennent les dépositions très-naïves, en langue provençale, d'un grand nombre de témoins oculaires des travaux & des miracles de S. Benezet. Ses reliques sont conservées dans une chapelle particuliere, tenant au couvent & à l'église des célestins.

Quant au pont, il a subsisté pendant près de sept cents ans. Les dommages que le Rhône y a faits, ont été reparés au moyen des fonds destinés à son entretien. Mais au milieu du dix-septieme siecle, les principales arches ont été fracassées avec tant de violence, qu'il a paru impossible de les réparer en pierre. Après les avoir jointes pendant quelque temps avec des arceaux de bois, on y a tout-à-fait renoncé.

L'intérieur de la ville d'Avignon est grand, & contient environ vingt-six mille habitans. Les rues ne sont pas par-tout également belles, ni les places bien vastes. Mais elles sont embellies par un grand nombre de bâtimens, de la plupart desquels on fait remonter l'origine au tems où les papes résidoient dans cette ville. Il y a plusieurs siecles qu'on a remarqué, comme une chose singuliere, que tout est ici par sept, & que l'on y compte sept fois sept édifices principaux; savoir, sept palais, sept chapitres de chanoines, sept paroisses, sept églises collégiales, sept hôpitaux, sept grands couvens de religieux, & autant de filles : d'ailleurs on sort de la ville par sept portes. Je ne nommerai, de tous ces édifices, que ceux qui méritent par eux-mêmes d'être connus, ou qui renferment quelques objets de curiosité.

Le *grand palais* est situé sur le rocher qui domine la ville. Il fut autrefois habité par les papes, ensuite par les cardinaux légats d'Avignon, & l'est aujourd'hui par les vice-légats. Ce palais, d'un goût gothique, est des plus solides, fort vaste, & annonce bien de la grandeur. Il contient d'assez belles salles, où l'on voit des monumens & des inscriptions relatives aux papes d'Avignon ; ainsi que les portraits de ces pontifes & de quelques légats. Dans la premiere de ces salles, se tiennent ordinairement les suisses, qui forment la garde personnelle du vice-légat, & qui sont habillés comme ceux du pape à Rome. Mais les personnes curieuses de voir ce palais, doivent y aller en plein jour, s'il faut en croire notre voyageur languedocien & provençal: car, dit-il,

Dabord ni lanterne, ni lampe
La nuit n'éclaire l'escalier:
Il fallut, pour nous appuyer,
A tâtons, du fer de la rampe
L'un & l'autre nous étayer.
Après avoir, à l'aventure
Fait en montant plus d'un faux pas,
Nous trouvons une salle obscure,
Où sur quelque vieux matelas
Quatre suisses de Carpentras
Ne buvoient pas l'eau toute pure.
Mais rien de plus ne pûmes voir.
Un vieux prêtre entr'ouvrant la porte
D'un appartement assez noir,
Dit: allons, vite, que l'on sorte;
Tout est couché, messieurs bon soir.

Ce que l'on appelle le *petit palais*, situé au sommet du rocher, est la demeure de l'archevêque. Il ne présente rien de fort beau. Mais les appartemens en sont grands, nobles, bien distribués, & le point-de-vue admirable. Le troisieme palais est l'*hôtel-de-ville*, qui a une très-belle façade. Le quatrieme est l'*hôtel des monnoies*. On y frappe au coin du pape de la monnoie: mais elle n'a point de cours dans le royaume, au lieu que celle du roi est reçue par tout le comtat. Le cinquieme palais est celui de l'*inquisition*, qui est établie à Avignon comme dans tous les autres états du souverain pontife. Il y a un vieux palais qu'on nomme le *palais brûlé*, sur lequel *Belleforêt* prétend qu'on débite des anecdotes fort extraordinaires, & qu'il ne veut pas croire : je n'ai pu découvrir ce que ce pouvoit être. Enfin le dernier palais est celui du roi Réné : il est situé auprès du couvent des célestins, où l'on voit encore des monumens des talens ou plutôt des amusemens de ce bon prince.

Une des plus belles églises d'Avignon est la cathédrale, qu'on appelle Notre-Dame *des Dons*, ou le *Dôme*, nom que portent toutes les cathédrales d'Italie. Les vieux historiens prétendent qu'elle fut bâtie par Ste. Marthe, environ l'an 60 de notre Ere, & que l'empereur Constantin l'embellit & l'augmenta. Elle fut en partie ruinée par les sarrasins. Charlemagne la rétablit avec plus de magnificence. Les principaux ouvrages qu'il y fit exécuter, subsistent encore :

mais on y a ajouté bien de nouveaux ornemens. Cette église consiste en une nef avec des chapelles de chaque côté, toutes bien décorées. Il y en a une où l'on a placé, au-dessous de la chaire, une magnifique inscription, dans laquelle cette ville est qualifiée de *seconde Rome*. La chapelle de la Sainte Vierge est ornée de trois tableaux de Nicolas Mignard, la *présentation*, l'*annonciation* & la *visitation*. Le chœur est revêtu d'un lambris doré, où sont attachés neuf grands médaillons qui représentent autant de papes d'Avignon. On y voit le beau mausolée de Jean XXII, & celui de Benoît XII. Au fond du chœur le tableau de l'*assomption*, par Pierre Parrocel, mérite d'être remarqué. Le maître-autel est de la plus grande magnificence, ainsi que les ornemens conservés dans la sacristie, où il y a trois tableaux du même Parrocel; *S. Ruf*, *S. Michel*, l'*Ange Gardien*.

Les amateurs, jaloux de connoître tous les ouvrages des peintres célebres, pourront aller voir dans l'église paroissiale de *Saint Agricole* le tableau de la chapelle Sainte-Anne, peint à Rome par le Trevisan, & dans l'église de *Saint-Pierre*, *l'immaculée conception*, par Nicolas Mignard; celui de la chapelle Saint-Joseph, par Nicolas-Pierre, son fils, & la vie de *S. Antoine de Padoue*, en dix tableaux par Parrocel.

La plus ancienne des maisons religieuses d'Avignon, est celle des freres prêcheurs, dits dominicains, qui s'y établirent en 1226, cinq ans après la mort de leur saint fondateur. C'est dans leur église que se fit la canonisation de S. Thomas d'Aquin, par le pape Jean XXII.

Les cordeliers, non moins anciens que les dominicains, ont une fort belle église. La voûte en est très-élevée, & passe pour un morceau d'architecture très-hardi. Dans une chapelle est le tombeau de la belle Laure, objet des amours de Pétrarque, qui fit à sa louange quatre-vingts chansons & trois cent vingt sonnets. J'aurai occasion de parler ailleurs de cette aimable dame, & du poëte célebre dont elle échauffa la verve. Il me suffira de dire ici qu'au-dessus de ce tombeau, & sur le mur, on lit l'épitaphe de Hugues de *Sade*, son époux. François I étant à Avignon, vit ce monument, & l'honora de ces huit vers françois de sa composition :

En petit lieu compris vous pouvez voir
Ce qui comprend beaucoup de renommée :
Plume, labeur, la langue & le devoir
Furent vaincus par l'aimant de l'aimée.
O gentille ame, étant tant estimée,
Qui te pourra louer qu'en se taisant :
Car la parole est toujours réprimée,
Quand le sujet surmonte le disant.

Il est assez étonnant que Clément VII ait été enterré avec tous les attributs de la papauté, au milieu du chœur de l'église des célestins, où l'on voit encore son mausolée. Il ne fut jamais regardé que comme un anti-pape, puisque cent trente ans après, un autre pontife de la maison de Médicis, s'intitula aussi Clément VII. Dans son épitaphe, il est déclaré fondateur de ce couvent. Cette épitaphe & son mausolée lui ſont communs avec le bienheureux Pierre de Luxembourg, mort à l'âge de dix-huit ans, & qui néanmoins avoit été ſucceſſivement chanoine de l'égliſe cathédrale de Paris, archidiacre de Chartres, évêque de Metz, & enfin cardinal, de la création du même Clément VII. Ses reliques ſont conſervées dans une grande & belle chapelle, ornée de tableaux qui repréſentent les principales actions de ſa vie. Il y en a une autre où eſt renfermé le corps de *S. Benezet*, conſtructeur du pont dont j'ai déja parlé.

Dans une des ſalles du couvent, on voit un tableau qui repréſente un ſquelette de hauteur naturelle; ſujet hideux, mais peint avec beaucoup de force de deſſein. A côté du ſquelette eſt un cercueil, ſur lequel on admire une toile d'araignée, qu'il faut toucher, pour être perſuadé qu'elle n'eſt pas véritable. Le vers écrits en lettres gothiques au bas de ce tableau, atteſtent que ce ſquelette eſt celui d'une femme, célebre par ſa beauté, & qui avoit été aimée du roi Réné. On ajoute, avec fondement, que les vers & le tableau même sont de la composition de ce prince, quoique quelques écrivains paroissent en douter, par cette raison que le roi Réné n'auroit pas eu la force de peindre, avec des traits si affreux, un objet si capable d'augmenter ses regrets, & de lui faire faire de tristes retours sur lui-même.

La bibliotheque de ces religieux est curieuse à voir. Le fond leur en fut donné par Jean Gerson, qu'on a long-temps regardé comme l'auteur de l'excellent livre de l'*imitation de Jesus-Christ*; & qui fut dans son siecle, un des plus zélés & des plus éclairés défenseurs des libertés de l'église Gallicane.

Il y a environ trente ans qu'on a découvert dans la petite église des antonins le tombeau d'Alain Chartier, le plus bel esprit de la cour des rois Charles VI & Charles VII, dont il fut secrétaire. Ses contemporains l'appelloient le pere de l'éloquence françoise. Marguerite d'Ecosse, premiere femme du dauphin (depuis Louis XI), l'ayant vu endormi sur une chaise, s'approcha de lui pour le baiser. Les ſeigneurs de ſa ſuite paroiſſant ſurpris qu'elle eût appliqué ſa bouche ſur celle d'un homme ſi laid, la princeſſe répondit *qu'elle n'avoit pas baiſé l'homme, mais la bouche qui avoit prononcé de ſi belles choſes*.

Si l'on veut aller voir l'égliſe des grands auguſtins, & celle des bénédictins, on admirera dans la premiere la charpente qui la couvre; dans la seconde, de grandes figures, très-bien executées. Mais l'égliſe des prêtres de l'Oratoire mérite d'être vue : elle eſt magnifique & bâtie dans le meilleur goût poſſible. Le beau tableau de l'*adoration des bergers*, au maitre-autel, eſt de Nicolas Mignard. Celle des prêtres de la Doctrine Chrétienne, renferme le corps du vénérable Céſar de Bus, inſtituteur de cette congrégation. La lampe d'argent qu'on voit au deſſus de ſon tombeau, eſt un préſent du cardinal de Richelieu, qui n'étoit alors qu'évêque de Luçon.

Les ſept hôpitaux d'Avignon, ſubſiſtent ſur le méilleur pied, & ſont tous très-riches. Cela n'eſt point étonnant. Dans les états du pape;

on ne met aucune entrave à la volonté des personnes qui veulent enrichir de leurs propres biens, les établissemens pieux, & ceux de bienfaisance. M. de Marinis, archevêque, fit en 1669, son héritier universel, *le Mont-de-Piété*, établi pour prêter de l'argent, sans aucun intérêt, moyennant quelque nantissement. Cette fondation est la même chose que ce qu'on appelle ailleurs, *des Lombards*.

Il y a aussi dans cette ville sept compagnies de pénitens, designées chacune par une couleur différente. Les pénitens gris prétendent avoir été établis par le roi Louis VIII, pere de Saint-Louis, lorsqu'il eut pris Avignon, en 1226. Le saint sacrement est exposé nuit & jour, pendant toute l'année, dans leur chapelle. Il faut aller voir dans celle des pénitens noirs, le tableau de la cene : il est d'une force de dessein & d'une correction admirable. Henri III passant par Avignon, à son retour de Pologne, se fit agréger à toutes ces confrairies. Il trouva à la tête des penitens bleus, le cardinal de Lorraine, frere de ce duc de Guise assassiné par le lâche Poltrot, au siége d'Orléans Ce prélat mourut d'un coup d'air qu'il prit, en portant la croix à une procession.

Je ne suis pas surpris, madame, que Rabelais ait voulu désigner Avignon sous le nom ridicule de *l'Ile Sonnante*. Le nombre des églises y est effectivement si considérable, qu'on est importuné du bruit des cloches, à toutes les heures du jour & de la nuit. On m'a assuré, qu'au palais apostolique, il y en a une toute d'argent : on ne la sonne, il est vrai, qu'à la mort du pape, & à l'exaltation de son successeur, mais pendant vingt-quatre heures consécutives. On compte dans cette ville, cent cinquante chanoines ou bénéficiers, près de quatre cents religieux, trois cents religieuses, outre le commun des ecclésiastiques. Le revenu de tout le clergé est de six cent mille livres, non compris celui des officiers du pape, considéré comme prince temporel.

L'inquisition est, comme je l'ai déjà dit, établie à Avignon. Vous vous êtes peut-être fait, madame, une idée effrayante de ce tribunal ? Vous ferez détrompée, lorsque vous apprendrez qu'on y procede avec autant de circonspection, de sagesse & d'équité, que dans aucun autre. Il n'a jamais excité aucune plainte dans ce pays, parce qu'il n'a jamais été injustement severe ; & il l'est bien moins encore aujourd'hui. C'est sous l'inspection même de ce tribunal, qu'il y a une juiverie ou sinagogue considérable, renfermée dans un quartier séparé. Le nombre de ces juifs, est d'environ six cents personnes : tous sont fripiers ou brocanteurs. Assujettis aux mêmes reglemens que ceux de Rome, ils sont obligés comme eux de porter des chapeaux doublés de jaune.

Les légats d'Avignon ne sont pas cardinaux, ni même ordinairement prêtres. Cependant on expédie à leur chancelerie ou daterie, toutes les graces ecclésiastiques, & les provisions de bénéfices qu'ils peuvent conférer dans le ressort de leur légation, conformément au pouvoir que le pape leur en donne. Mais si ce pouvoir est sans limites dans le pays soumis au pape, il éprouve

des restrictions assez considérables dans la partie du royaume, sur laquelle s'étend la légation d'Avignon, qui comprend toute la Provence, & une partie du Dauphiné. Voilà pourquoi les bulles du légat & du vice-légat, sont toujours enregistrées aux parlemens d'Aix & de Grenoble, mais sous des réserves conformes aux libertés de l'église gallicane.

Quant à l'autorité civile & temporelle, le vice-légat est véritablement le gouverneur d'Avignon, pour le pape. Mais sa souveraineté est restreinte par des conventions que l'on fait signer aux nouveaux vice-légats, quand ils viennent prendre possession de leurs charges: les papes s'y étoient soumis. Ces conventions établissent une espece de partage de l'administration civile, entre le souverain du pays & le corps municipal. Dans les cérémonies, les officiers du pape, & ceux de la ville marchent sur la même ligne; & l'on porte, l'un à côté de l'autre, les guidons du souverain pontife, & les armes de la ville qui sont des clés.

Le viguier est un officier municipal, devant lequel on plaide en premiere instance, & qui juge définitivement les plus petites causes. Mais on appelle des grandes à un tribunal supérieur, que l'on nomme *la Rote*, & qui est composé de cinq juges, dont le premier, appellé *Auditeur principal*, est ordinairement Italien. On s'est conformé en cela à un ancien usage des villes d'Italie, qui se gouvernoient en république, & dans lesquelles le premier juge étoit toujours étranger, pour qu'on évitât la partialité à laquelle étoient sujets ceux qui avoient des parens & des amis dans la ville. Il y a des cas, où l'on appelle encore de la rote au pape.

La police est entre les mains des consuls & d'un assesseur, homme de loi, avec lequel ils consultent. Dans certains cas, les affaires sont portées au vice-légat. Les consuls sont au nombre de trois. Le premier est toujours un gentil-homme du pays; le second, un gentil homme étranger à la ville & au comtat, & le troisiéme, ou un avocat ou un bourgeois, ou un marchand de quelque considération. Le conseil est composé de quarante-huit personnes, & forme une espece de sénat républicain, qui conserve quelques traces de l'ancienne indépendance, dont il jouissoit aux douzieme & treizieme siécles.

Le pape, ou plutôt le pays entretient pour la garde extérieure du vice-légat & de la ville, une compagnie de cavalerie de cinquante chevau-legers vêtus de rouge, & cent hommes d'infanterie vêtus de bleu. Il y a une milice du pays, mais qui ne s'assemble que rarement ou peut-être jamais, le souverain étant tout-à-fait pacifique. Aussi la belle charge de général des armées, qui subsistoit au seizieme siecle, a-t-elle été supprimée. Les habitans d'Avignon ne payent ni taille, ni capitation : le revenu du pape & du magistrat, ne consiste qu'en droits d'entrée.

La ville d'Avignon regarde en quelque façon le roi de France, comme le protecteur de ses priviléges, parce qu'il est au droit des comtes de Provence, qui les ont reconnus, qui en ont promis l'observation, & qui n'ont pas pu céder aux papes plus de droits qu'ils n'en avoient. Je dirai même ici, que dès le seizieme siécle, on doutoit que la cession d'Avignon au pape, eût pu avoir lieu. Les raisons qu'on alléguoit contre, sont que le roi Philippe *le Bel* n'avoit pas pu céder la part qu'il avoit dans Avignon, parce que cette ville avoit été réunie au domaine de la couronne par son pere Philippe *le Hardi*; que lorsque la reine Jeanne céda au pape, ce qui pouvoit lui appartenir, les états de Provence s'y opposerent & firent leurs protestations, disant qu'elle étoit comptable de ce beau domaine à ses successeurs; que l'empereur Charles IV, qui confirma cette donation, n'avoit plus aucun droit sur la Provence, ayant cédé ceux qu'il avoit sur le royaume d'Arles, au roi de France Charles V son neveu; que nos rois eux-mêmes ont cru cette donation si suspecte, qu'ils se sont emparés d'Avignon, lorsqu'ils l'ont jugé à propos. Louis XI y envoya le Cardinal de Bourbon, non comme légat du pape; mais comme gouverneur en ſon nom. Les huguenots voulant ſe rendre maitres du comtat-vénaiſſin, déclarerent que, c'étoit parce qu'il appartenoit directement au roi de France, & qu'il étoit tyranniſé par les papes. Nos rois ont toujours accordé aux Avignonois tous les avantages dont les François jouiſſent dans le royaume. Mais auſſi ces Monarques exercent dans Avignon même certains droits de ſouveraineté. Toutes les fois qu'ils ont paſſé par cette ville, ils y ont diſtribué des graces dont les ſeuls ſouverains peuvent être les diſpenſateurs à l'égard de leurs ſujets; & le prévot de l'hôtel y a exercé ſa juriſdiction à la ſuite de la cour.

On fait remonter l'origine des premiers priviléges de l'univerſité d'Avignon, juſqu'au pape Boniface VIII, qui les lui accorda à la requiſition de Charles II, roi de Sicile, & comte de Provence. L'archevêque en eſt chancelier né. Sous le regne de Louis XIV, il a été décidé, que les gradués en cette université jouiroient des mêmes droits & priviléges que ceux qui avoient pris leurs dégrés en France ; que les gradués en théologie pourroient posséder des bénéfices, & les gradués en droit, les charges de judicature pour lesquelles on exige des grades. Depuis le seizieme siécle, on a pris trois des colléges, pour en faire des séminaires. Une singularité très-remarquable & très-honorable pour cette université ; c'est que le recteur, qu'on appelle *primicier*, est toujours pris dans la faculté de droit, & que tous ceux qui remplissent cette charge, qui n'est qu'annuelle, sont réputés nobles, ainsi que leur postérité, du moins dans le comtat.

Avignon a produit un grand nombre d'hommes illustres dans les lettres, les sciences & les arts, & peut-être encore plus de femmes célebres, autant par les graces de leur esprit, & l'étendue de leurs connoissances, que par la noblesse de leur origine. Je me réserve à faire connoître ailleurs, les principaux de ces personnages, qui existoient dans les siécles de la chevalerie. Parmi ceux qui ont vécu dans des temps moins reculés, je citerai seulement *Joseph Meir*, rabbin juif, auteur d'un livre très curieux & très-rare, imprimé en hebreu, en 1554, intitulé, *annales des rois de France, & de la maison Ottomane*; M. *Genet*, évêque de Vaison, dont nous avons un ouvrage, connu sous le nom de *morale de Grenoble*, que certains casuistes trouverent & trouvent encore trop severe : ce chevalier *Folard*, si versé dans la connoissance de l'art militaire, & qui a fait d'excellens *commentaires sur Polybe*.

Le commerce de cette ville, est assez considérable, relativement à sa population. Il consiste dans le débit de quelques étoffes de soie, sur-tout de taffetas qui s'y fabriquent. Mais elle est particulierement renommée pour ses teintures en cramoisi, parce que le kermès ou vermillon du comtat est le meilleur de toute l'Europe. On y fabrique aussi beaucoup de papier. L'eau de la Sorgue est fort propre à cette manufacture. Depuis le seizieme siecle, les imprimeurs & les libraires se sont attachés à imprimer & à débiter des livres françois de contrebande, quoiqu'ils aient été gênés par l'inquisition & la censure. Ils se sont principalement enrichis à contrefaire des ouvrages imprimés en France, avec privilege. Ce commerce illicite est trop lucratif, pour être aujourd'hui négligé.

Vous savez, Madame, cet ancien proverbe, qui dit que la ville d'Avignon est venteuse, que sans le vent elle est mal-saine, qu'avec le vent elle est désagréable : *avenio ventosa, sine vento venenosa, cum vento fastidiosa.* Ce proverbe est vrai. Le vent du nord-ouest y souffle fréquemment; & quoiqu'il contribue à la salubrité de l'air, il ne laisse pas d'être fort incommode. La fréquence de ce vent doit être attribuée à la rapidité du Rhône, mais plus encore au voisinage des montagnes, qui sont au nord, & sur-tout au mont Ventoux, dont le sommet est presque toujours couvert de neige. L'air, étant sur ces montagnes plus dense & plus frais que celui de la plaine, doit se précipiter avec force & avec impétuosité.

L'état d'Avignon est composé de la ville de ce nom, de la paroisse de *Morieres*, de celle de *Montfavet* & d'un grand nombre de granges répandues çà & là dans la campagne. Le terroir de Morieres produit en abondance du vin & de l'huile d'olives, l'un & l'autre très-estimés. Parmi les sources qui forment la fontaine de cette paroisse, il y en a une qui est sulphureuse, & dont l'eau est extrêmement légere : on l'appelle la *fontaine-punaise*. L'archevêché d'Avignon a pour suffragans les évêchés de Carpentras, de Vaison & de Cavaillon, tous les trois du comtat Venaissin que je vous ferai connoître dans la lettre suivante.

Au reste, quoiqu'Avignon & son territoire dépendent du pape en toute souveraineté, quoique cette ville soit située sur le bord du Rhône, néanmoins ce fleuve est absolument sous la domination du roi de France. » Nos rois, dit à ce sujet un auteur » instruit, ont, de temps immémo- » rial, la propriété & la souveraineté » du fleuve du Rhône d'un bord à » l'autre, tant dans son ancien que

» nouveau lit, par tout son cours ; » ainsi que des isles, îlots, créments » & attérissements qui s'y forment, & » qui sont partie de la province de » Languedoc. » Ce droit de nos rois sur le Rhône est presque aussi ancien que la monarchie. Sur la fin du siecle dernier, ce fleuve ayant inondé la ville d'Avignon, le maître des ports de Villeneuve, bourg de Languedoc, situé sur la rive opposée, vint en bateau à Avignon même, & y planta dans la rue de la *Fusterie*, un poteau aux armes du roi, qui rétablissoit & assuroit la domination de sa majesté dans la partie de la ville qui étoit inondée.

Je suis, &c.

A Grignan, ce 7 Novembre 1759.

LETTRE CCCXCII.

Le comtat-Venaissin.

Vous ne saurez pas bien positivement, Madame, d'où le *comtat-Venaissin* tire son nom. Suivant quelques auteurs, c'est de la ville de *Venasque*, qui étoit autrefois la capitale de ce pays, & qui n'est aujourd'hui que peu de chose : suivant d'autres, c'est du mot *a venatione*, qui signifie *chasse*, parce que, disent ceux-ci, ce canton étoit anciennement très-propre à cet exercice, & abondant en gibier. Ils prétendent même que les comtes de Toulouse, souverains du comtat, y avoient fait du château de Sorgues leur maison de chasse.

Quoiqu'il en soit, ce petit état, limitrophe à celui d'Avignon, est entre la Provence & le Dauphiné. Les *cavares*, peuples gaulois l'habiroient anciennement. Les romains s'en emparerent comme du reste de la Provence, & le comprirent dans la premiere viennoise. De la domination de ceux-ci, il passa successivement sous le pouvoir des bourguignons, des ostrogoths & des rois de France. Il fit ensuite partie du royaume d'Arles, & enfin du marquisat de Provence appartenant au comte de Toulouse. Il leur fut assuré par l'empereur Frédéric II, qui, au treizieme siecle, leur céda tous les droits des rois d'Arles, quoique les papes y eussent quelques prétentions fondées sur une donation du comte Raymond de Saint Gilles, faite au commencement du douzieme. Raymond VI, dit *le vieux*, (mort en 1222) ayant été excommunié comme fauteur des albigeois, le pape se saisit du comtat, qui lui fut cédé en 1228 par Raymond VII, dont la fille unique épousa Alphonse, frere de S. Louis. En 1273, Philippe *le Hardi*, héritier d'Alphonse son oncle, le donna au pape Grégoire X, soit en vertu des anciennes prétentions des pontifes romains, ſoit par pure libéralité. Ainſi les papes ont été regardés comme ſouverains du comtat, ſoixante quinze ans avant qu'ils le fuſſent d'Avignon.

Ce pays eſt mêlé de plaines & de montagnes. La partie montagneuſe s'étend vers le nord, & l'autre vers le midi. Celle-ci eſt arroſée par les eaux de pluſieurs rivieres, & par les divers canaux tirés de la Sorgue, qui eſt la plus conſidérable après le Rhône & la Durance. C'eſt ce qui rend ces plaines également agréables & fertiles. Il eſt vrai que les vents de nord y ſoufflent aſſez fréquemment, & quelquefois avec tant de violence, qu'ils déracinent & abattent les plus gros arbres. Si c'eſt en hiver, le froid y eſt des plus vifs & des plus piquans. Si c'eſt en été, les nuages de pouſſiere qu'élevent ces vents furieux, ſont des plus incommodes, & vous dérobent preſque la vue du ſoleil. Mais heureuſement ils n'y ſoufflent pas bien ſouvent avec ce degré de force & de violence. Ainſi, pendant la plus grande partie de l'année, le climat eſt doux & tempéré; &

l'on peut dire avec vérité que les plaines du comtat sont un lieu de délices. La terre y abonde en toutes sortes de grains. On y recueille de très-bon froment, & beaucoup de vin, qui, en certains quartiers, est excellent. J'en dirai autant de l'huile pour la quantité & la qualité. On y nourrit beaucoup de vers-à-soie : on y fait d'abondantes récoltes de safran, de légumes, de foins & de très bons fruits. Le gibier, la volaille & le poisson y sont fort communs. En un mot, tout ce qui peut servir aux besoins de la vie, tout ce qui peut contribuer à la rendre plus douce, se trouve dans cette charmante contrée.

On assure qu'anciennement la partie montagneuse étoit couverte de bois. Mais aujourd'hui nous n'en voyons que de foibles traces. Les montagnes ont été défrichées, & par conséquent les bois détruits. Heureusement on a fait beaucoup de plantations dans les plaines en mûriers, en oliviers, en amandiers & autres arbres fruitiers, qui sont d'une grande ressource aux habitans du commun. Après avoir élagué ces arbres, ils en ſerrent les branchages, & s'en ſervent, ainſi que des ſarmens & des ceps de vieilles vignes, pour les divers beſoins domeſtiques. Quant aux perſonnes envers leſquelles la fortune n'a pas été ingrate, celles qui ſont à portée du Rhône, brûlent du bois qu'on amene du Vivarais par ce fleuve. Les autres tirent le bois de certaines contrées de Provence, où il n'a pas été entierement détruit.

Le commerce le plus conſidérable que font les habitans du comtat, eſt celui de la ſoie. Les vins & les huiles ſe conſomment en grande partie dans le pays ; & le peu qui en ſort, ne peut entrer en balance avec les grains qu'ils ſont obligés de faire venir des provinces voiſines, parce que ceux qu'ils recueillent dans leurs propres fonds, ne ſont point ſuffiſans pour leur ſubſiſtance. Ces peuples jouiſſent comme les avignonois, du privilege d'être réputés naturels françois & regnicoles ; privilege qui leur fut accordé par le roi François I, & qui leur a été confirmé par ſes ſucceſſeurs.

Dans le temps que le comtat - Venaissin appartenoit aux comtes de Toulouse, il étoit gouverné par des sénéchaux. Dès que les papes en ont été les maîtres, ils y ont mis un ecclésiastique, nommé *recteur*. Ainsi quoique cette province fasse aujourd'hui partie de la légation d'Avignon, & soit par conséquent, sous le vice légat, qui a le gouvernement politique, économique & militaire, elle a néanmoins toujours formé un état distinct & séparé, ayant ses loix, ses magistrats, ses statuts & ses coutumes particulieres. La jurisdiction du recteur comprend les trois départemens, appellés *judicatures*, qui sont la division du comtat, & qui sont celles de Carpentras, de l'Ile, & de Valréas. Dans chaque ville & village de ces trois jurisdictions, est un juge nommé *Viguier*, capitaine ou chatelain : il y a de plus à Carpentras, un tribunal des appellations, où peuvent être portées par appel en seconde instance, les causes jugées par les autres tribunaux; & quand ce juge des appellations a prononcé, elles peuvent être portées, s'il y a appel, pardevant le recteur ou son lieutenant. C'est-là ce qui forme dans le comtat les trois dégrés d'instances pour le jugement de toutes sortes d'affaires, tant civiles que criminelles. Il y a des cas où elles sont portées de ces trois tribunaux à celui du vice-légat à Avignon, & de-là à Rome. On juge dans ce pays, selon le droit romain, & les constitutions des papes.

L'administration économique des villes & lieux de cette province est entre les mains des consuls respectifs, & en même temps, au pouvoir du conseil de ville de chaque communauté. Ils ont le droit de prendre des délibérations, d'imposer des tailles, d'emprunter, de payer, de faire des réparations & des embellissemens dans leurs villes, & de veiller à ce qui concerne la police, sous l'autorité de leurs juges. Mais dans les dépenses qu'ils font, ils ont besoin d'être autorisés par le vice-légat, à qui ils sont obligés de rendre compte chaque année de l'état de leurs finances. Celui ci nomme annuellement les juges, soit inférieurs, soit majeurs. Le conseil de chaque ville fait ses consuls.

On ne connoit point dans le comtât la taille, la capitation, non plus que d'autres impôts, auxquels nous sommes assujettis en France. Les habitans ne payent absolument rien à leur souverain. S'ils supportent quelque légere charge d'imposition, c'est celle à laquelle les communautés respectives se soumettent de leur propre gré, pour employer uniquement les deniers à leurs besoins actuels. Il y en a une qui se trouve établie uniformément sur toutes les communautés, & dont le produit sert à l'entretien des chemins & autres ouvrages publics, ainsi qu'à la solde de la compagnie de maréchaussée, qui a été formée depuis peu.

Ne cherchez ni places fortes, ni fortifications, dans cette petite province. Elle est ouverte de tous les côtés : mais elle est sous la protection du roi de France, & il n'est pas à craindre qu'elle soit attaquée par aucune puissance étrangere. Aussi le pape n'y entretient point de troupes, à l'exception de la garnison peu nombreuse de la ville d'Avignon.

Le comtat Venaissin a, comme la Provence, ses états, qui se tiennent à Carpentras. Ils sont composés de l'ordre ecclésiastique, de l'ordre des barons & feudataires du pape, & de l'ordre des communautés, qu'on appelle le tiers-état. On distingue plusieurs sortes d'assemblées des états. La premiere est celle des *états-généraux*. Les évêques des provinces voisines, qui ont une partie de leurs diocèses dans le pays, y assistent. Mais ces états-généraux ne s'assemblent que très-rarement : ils n'ont pas eu lieu depuis 1594. La seconde est l'*assemblée générale* des états de la province. Elle se tient régulierement chaque année au mois d'avril. L'archevêque d'Avignon non plus que les évêques étrangers n'y entrent point. La troisieme, bien moins nombreuse que les deux précédentes, est l'*assemblée ordinaire*, qui est convoquée, lorsque le courant des affaires l'exige. Tout ce qui peut être avantageux à la province, & qui est réellement conforme au service du prince, fait l'objet des délibérations qui se prennent dans ces différentes assembléees. On n'en sait pas précisément l'origine, depuis l'incendie qui consuma, en 1713, la plus grande partie des archives.

On compte dans ce pays, environ cent quinze mille habitans. Il a quatorze lieues de longueur, sur dix de largeur, & comprend trois évêchés, qui sont suffragans d'Avignon; Carpentras au milieu, Vaison au Nord, & Cavaillon au midi.

La ville de Carpentras, agréablement située sur la rive gauche de la riviere d'Auzon, est la capitale du comtat. Elle étoit, long-temps avant l'ere chretienne, celle du pays des Meminiens, peuple gaulois, & portoit le nom de *Carpentoracte*, qui est celtique. Après la conquête qu'en firent les Romains, Jules César y envoya Tibere Néron, un de ses lieutenans, qui en y fondant une colonie, y établit un marché. C'est de-là qu'elle fut appellée pendant quelque temps *forum Néronis* (marché de Néron). On ne doute point qu'elle ne fût alors très-considérable. Mais *Crocus*, chef d'un peuple venu de la Poméranie, qui, l'an 266, fit d'étranges ravages dans nos provinces méridionales, les Vandales, les Lombards, les Sarrasins & autres barbares du nord, porterent tour-à-tour dans cette ville le fer & la flamme, & n'y laisserent aucune trace des nombreux monumens dont elle étoit décorée. On y voit cependant encore, dans l'enceinte du palais épiscopal, les beaux restes d'un arc de triomphe, qu'on prétend avoir été élevé par Domitius Aenobarbus, après une victoire mémorable qu'il remporta dans le pays.

Le pape Clément V, qui avoit transféré le saint-siége à Avignon, se rendit à Carpentras, l'an 1313, dans le dessein d'y fixer son séjour. Mais il mourut l'année suivante, dans un voyage qu'il avoit entrepris, pour aller respirer l'air de la Gascogne sa patrie. Les cardinaux entrerent au conclave, dans le palais épiscopal de cette même ville, où se trouvoit la cour du pontife défunt. Ils y étoient renfermés depuis plus de trois mois, sans pouvoir s'accorder sur le choix d'un pape, lorsque les Gascons exciterent un grand tumulte. Dans ce désordre, le feu prit à divers endroits de la ville, dont une partie fut brulée. Les cardinaux sortirent du conclave; & ce ne fut que deux ans après, qu'ils élurent pape Jacques d'Ossa, qui prit le nom de Jean XXII. Celui-ci s'établit à Avignon, disant qu'il auroit préféré Carpentras, si l'incendie n'avoit rendu cette ville inhabitable pour lui & pour sa cour. Elle avoit été jusqu'alors sous la jurisdiction spirituelle & temporelle de son évêque. C'est par cette raison, sans doute, que les recteurs du comtat n'y faisoient point leur résidence ordinaire.

Cette ville est encore fameuse, par plusieurs siéges, principalement par celui qu'elle soutint contre les huguenots que commandoit le baron des Adrets. Ce général entreprit ce siége à la persuasion de quelques traîtres & de quelques bannis, qui s'étoient vantés d'avoir des intelligences dans la ville. Mais les habitans, tous également fidèles & braves, firent plusieurs sorties vigoureuses, dans lesquelles ils eurent de l'avantage. Quelques jours après qu'ils eurent mis en désordre un quartier de l'ennemi, un de leurs cannonniers tira une coulevrine, dont le boulet donna dans la tente du baron des Adrets, au moment où on lui versoit à boire. Transporté aussi tôt de colere, & se tournant vers les traîtres & les bannis qui l'avoient appellé, le baron s'écria : *gens de Carpentras, ce sont donc là les clés que vous m'aviez promises.*

C'est dans cette ville que réside le recteur du comtat, dont la charge répond à celle de président de province. Parmi ses prérogatives, il a celle de recevoir à l'hommage, les feudataires du pape, même ceux des évêques qui ont des fiefs, & a de plus le droit de créer tous les notaires du comtat. La chambre apostolique établie dans le même temps que le rectorat, est également fixe & permanente dans cette ville. Elle connoît privativement de toutes les causes fiscales, & qui concernent le patrimoine du prince, ainsi que de ses droits regaliens & seigneuriaux.

La ville de Carpentras est entourée d'assez belles murailles, qui furent bâties & fortifiées de tours rondes, dans le quatorzieme siécle, pour garantir les habitans des brigandages de ces gens de guerre, qui en temps de paix, ravageoient les provinces. Elle a quatre portes ouvertes aux quatre points cardinaux. Au dessus de celle d'*Orange*, s'éleve une tour remarquable par sa hauteur, & par la béauté des pierres qu'on y a employées. De ce côté-là, les dehors de la ville sont ornés d'un beau cours. On vient d'en faire un autre, qui s'étend depuis la porte de *Mazan*, jusqu'à celle de *Notre-Dame*, & dont le point de vue est très-agréable. Près de celle-ci, est un magnifique & vaste hôpital, dont on admire la façade, la grande cour d'entrée, la galerie, & sur tout le grand escalier, qui passe pour l'un des plus beaux qu'il y ait en France. Les étrangers curieux de voir l'aqueduc, qui conduit les eaux dans la ville, le trouveront solide & bien exécuté. Cet

ouvrage

ouvrage si utile a coûté six cent mille livres ; & cette dépense doit être une preuve de l'amour du bien public, qui anime les habitans de Carpentras.

En parcourant l'interieur de la ville, on ne verra pas sans plaisir les halles. On trouvera aussi plusieurs places & plusieurs fontaines ; deux choses qu'il est bien essentiel de ne pas négliger dans une ville, tant pour la santé, que pour la commodité des habitans. Mais un des plus beaux & des plus utiles ornemens est, sans contredit, le marché, qui se tient le vendrédi de chaque semaine. C'est un des plus fréquentés que l'on connoisse. Il y a tout lieu de croire qu'il tire son origine de ceux qu'établit Tibère Néron. Cette conjecture est fondée principalement sur une concession faite, en 1155, par les comtes de Toulouse aux évêques de Carpentras. Il est dit dans cet acte de cession, qu'il y avoit alors à Carpentras un marché qui existoit depuis les temps les plus reculés, & dont on ignoroit l'origine.

Le palais épiscopal a été bâti dans le goût des palais modernes d'Italie, vers le milieu du dernier siecle, par le cardinal Bichi, évêque de cette ville. C'est un édifice également vaste, superbe & commode. L'architecture en est simple, mais du goût le plus noble ; la façade majestueuse. Le portail surtout est admiré des connoisseurs. Ce palais pourroit être comparé, pour sa grandeur & sa magnificence, aux plus beaux palais de Rome. Tout proche de ce palais est la bibliothèque publique, fondée depuis peu, par M. Malachie d'Inguimbert, évêque de Carpentras, sa patrie, prélat également recommandable par ses lumieres & par ses vertus. Outre le grand nombre de livres choisis, dont elle est composée, on y trouve une belle collection de manuscrits, de médailles, de pierres gravées, d'estampes, & d'autres choses également rares & curieuses.

Il seroit difficile de déterminer précisément, en quel temps le siége épiscopal fut établi à Carpentras. La tradition fixe cet établissement au troisieme siecle. On prétend que *Crocus*, ce chef des barbares, qui, comme je l'ai dit plus haut, vint l'an 266 ravager le comtat, en vouloit principalement aux évêques, & fit mourir *Valentin* à Carpentras, *Firmus* à Venasque, &c. Dans une lettre écrite, l'an 451, par les évêques des Gaules, au pape Saint-Léon, on voit la souscription de l'évêque de Carpentras, & celle de l'évêque de Venasque; ce qui ne laisse aucun lieu de douter, qu'il n'y eût anciennement & en même temps, un évêque dans chacune de ces deux villes. Vers le milieu du sixieme siecle, l'évêché de Venasque, fut uni à celui de Carpentras. Ce siege a été occupé par plusieurs prélats, qui ont été mis au nombre des saints, & par plusieurs cardinaux, dont les plus célebres sont *Sadolet*, *Bichi*, *Fiesqui* & *Durrazo*. Julien de *la Rovere*, ce pape si connu sous le nom de Jules II, avoit été évêque de Carpentras, avant d'être archevêque d'Avignon.

Les églises de cette ville n'offrent rien de bien remarquable, si vous exceptez la cathédrale, dédiée à saint-Pierre & à saint Siffrein. C'est un fort beau vaisseau, bien éclairé, assez vaste, & très-bien proportionné. Exceptons encore l'église des carmélites-déchaussées : elle est décorée avec beaucoup de goût ; & l'autel mérite d'être vu. Il y a ici environ dix maisons religieuses, & trois confréries de pénitens. Les noirs, qui sont les plus anciens, ont le privilége de délivrer de temps en temps, quelque prisonnier condamné à mort ; privilége qui eut sept fois son effet dans le cours du siecle dernier. Nous ne trouvons pas qu'on l'ait mis en usage depuis 1685.

Le nombre des habitans de Carpentras, est de douze mille, parmi lesquels on compte plus de six cents juifs, qui y ont une synagogue. Leur quartier, appellé *la Juiverie*, est vers le milieu de la ville. Il consiste en deux rues qui se ferment exactement tous les soirs. Les hommes sont obligés de porter dans la ville le chapeau jaune, & les femmes une petite piece d'étoffe de la même couleur sur leur coiffure. Un prêtre catholique est destiné pour leur prêcher un sermon une fois la semaine. C'est ce qu'il fait régulierement tous les samedis, dans la maison de charité. Cet usage a été établi par une bulle du pape Grégoire XIII.

Vers la fin du seizieme siécle, naquit à Carpentras un juif nommé *Mordachæi* ou *Mardochée*. Le penchant qu'il montra pour le christianisme, lui attira la haine de ceux de sa secte, qui le chasserent de la synagogue d'Avignon. Il passa dans le royaume de Naples, & reçut le baptême à Aquino, se faisant nommer *Philippe d'Aquin*. Il vint ensuite à Paris, où il enseigna l'hébreu; & publia plusieurs ouvrages, dont le plus considérable, est son dictionnaire *hebreu, rabbinique, & thalmudique*. Il mourut dans cette ville, laissant un fils nommé *Louis d'Aquin*, qui, après avoir professé le judaïsme, s'étoit fait baptiser avec son pere, & qui fut comme lui savant dans les langues orientales, & pensionnaire du clergé. Le fils ou le petit-fils de celui-ci fut premier médecin de Louis XIV.

Le séjour de cette ville est des plus gracieux. Le territoire mêlé de collines & de plaines, y présente une fort belle perspective. La partie qui s'étend le long de la riviere d'Auzon, est presque toute en prairies & en jardins. Des forets d'oliviers couvrent le sommet des collines. Les vignes qui parent les coteaux, donnent de très-bon vin. Mais le froment que produisent les plaines, ne suffit point à la subsistance des habitans. On recueille aussi dans les campagnes du safran, & des fruits de la meilleure qualité. Enfin, toutes les terres sont bordées de mûriers, pour la nourriture des vers-à-soie, dont il se fait dans le pays un commerce considérable. Cette ville est si bien située, que toutes les especes de denrées, s'y trouvent en grande quantité, ainsi que la volaille & le gibier, qui y sont portés des environs. Le poisson y est voituré de la Sorgue, du Rhône, & de la Méditérranée, & il y manque rarement. Le marché contribue encore à y maintenir l'abondance; & pour le comestible, on vient s'y pourvoir de plusieurs grandes villes, sur-tout d'Avignon, d'Aix, de Marseille & de Toulon. D'ailleurs l'air qu'on respire à Carpentras, est des plus purs, & le climat y est des plus tempérés dans toutes les saisons de l'année.

Ce diocèse comprend vingt-neuf paroisses, dont sept sont partie du comté de Provence. *Venasque* est à deux lieues de la ville épiscopale. C'étoit autrefois une ville considérable, qui avoit son évêque: aujourd'hui, ce n'est plus qu'un bourg de mille habitans au plus, situé sur un rocher, au bas duquel coule la riviere de *Nesque* ou *Nasque* du levant au couchant.

Sur la rive gauche de cette riviere, & à une pareille distance de Carpentras, est la petite ville de *Pernes*, peuplée de trois mille habitans. Les environs en sont très-agréables & très-variés pour les productions, de la terre. Avant que le pape Jean XXII eût uni au saint-siége les droits seigneuriaux que l'évêque de Carpentras avoit sur cette ville, dont il étoit seigneur spirituel & temporel, les sénéchaux &

les recteurs du comtat-Venaissin y faisoient leur résidence, Mais en 1320, les recteurs & les autres tribunaux furent transférés à Carpentras, comme capitale de la Provence. Le château où résidoient les recteurs, est presqu'entierement ruiné, on y a établi les prisons. Pernes est la patrie d'*Esprit Fléchier*, évêque de Nîmes, l'un des plus vertueux prélats de l'église de France, & qui sera toujours compté parmi les plus grands orateurs du siecle de Louis XIV.

La petite ville de *Caromb*, peu éloignée de Carpentras, & située dans une contrée fertile, est entourée de murailles, & a quatre portes. On y voit un château contigu à ces murailles, qui est tout bâti en fort belles pierres de taille. Cet édifice, composé de deux pavillons flanqués de tours, à sa poterne, avec un pont-levis, & un bon fossé. Dans une des chapelles de l'église paroissiale, est un tombeau de marbre, au dessus duquel sont représentées en demi-relief plusieurs pleureuses. C'est celui d'Etienne de *Vase* ou *vese* l'un des favoris du roi Charles VIII,

& le même, qui avec Briçonnet, conseilla à ce prince d'entreprendre la conquête du royaume de Naples. Cette petite-ville contient environ quatre mille habitans, parmi lesquels on compte plusieurs familles nobles. Il y a très-peu de pauvres; la fertilité de leurs biens fonds & leur industrie, les font presque tous vivre dans une honnête aisance.

Dans le territoire de Caromb, & à une petite distance de ce bourg, est une chapelle dédiée à Saint-Etienne, & qui paroît fort ancienne. Il y a environ quarante ans qu'on trouva près du cimetiere un tombeau de pierre, qui renfermoit un cercueil de plomb, dans lequel étoient des ossemens; & tout auprès de cet endroit, on découvrit un pavé en marquéterie de marbre blanc & noir, & à côté une statue d'Apollon. On trouve aussi assez souvent sur la montagne appellée *du Pati*, à un quart de lieue de Caromb, des médailles du haut empire.

Si vous avancez vers le nord-est de ce diocèse, vous verrez une infinité de hameaux répandus dans la campagne, jusqu'au *Mont Ventoux*, au pied duquel est situé le bourg de Bedouin. Cette fameuse montagne est élevée de mille quarante toises au dessus du niveau de la mer. On y a fait plusieurs fois des observations par des moyens d'expériences physiques & astronomiques. Le sommet ne peut produire aucune sorte de plante. Il est cependant surmonté d'une chapelle, qui, le jour de l'exaltation de la sainte croix, y attire, malgré la difficulté des chemins, un grand concours de peuple. Les terres labourables des coteaux inférieurs sont assez fertiles : mais les blés n'y mûrissent que tard & mal à cause du froid qui regne dans ce climat. En 1250, Barral des Baux, seigneur de Bedouin, donna cette montagne à la communauté de ce bourg. Il permit aux habitans d'y faire paître leurs troupeaux, d'y bâtir, d'y couper des bois, de défricher le terrein, & de semer dans ces terres défrichées, sans être tenus à nulle autre redevance, qu'à celle de la dîme envers l'église. Cet usage a subsisté jusqu'a nos jours. Mais il faut remarquer que par un reglement qu'on a fait, *les particuliers peuvent être déboutés sans forme ni figure de procès, des possessions qu'ils ont semées, après six récoltes perçues, ou après six années de jouissance, par tel autre que ce soit, qui juge à propos de les occuper pendant six autres années.*

Le village du *Pont-de-Sorgues*, peuplé d'environ douze cents habitans, est de la judicature de Carpentras, mais du diocèse d'Avignon. Il est fermé de murailles, & situé dans une belle & vaste plaine, sur la riviere de Sorgues, à quelque distance de son embouchure dans le Rhône. La seigneurie appartient au pape : c'est la premiere baronnie du comtat-Venaissin. On y voit la carcasse d'un très-beau château, qui fut bâti par les comtes de Toulouse, alors souverains de ce pays. Les papes y passoient une partie de l'année, lorsque le siége pontifical étoit à Avignon. Ce château fut détruit par le baron des Adrets, lors de l'invasion des huguenots. Le terroir est varié : il produit peu de bled, mais beaucoup de vin de la meilleure qualité, & beaucoup d'huile qui est aussi excellente. Il y a deux carrieres, d'où l'on tire de très-bonnes pierres à bâtir. Le principal commerce consiste dans les vins qu'on vend aux étrangers. Les habitans retirent aussi quelques avantages des deux manufactures qui y sont établies, l'une de papier, & l'autre de cuivre.

A une petite distance de ce bourg, est le magnifique & agréable monastere de *Gentilly*, habité par les Célestins; séjour délicieux, tant pour la bonté de l'air que l'on y respire, qu'à cause des bois & des jardins, qui en embélissent les environs. Un des canaux de la riviere de Sorgues y fournit de l'eau en abondance. La reine de Pologne s'y arrêta trois jours en 1713. Le roi d'Angleterre, Jacques III, y alloit très-souvent, lorsqu'il résidoit à Avignon.

La terre & seigneurie de *Beaumes*, seconde baronnie du comtat, se trouve aussi dans la judicature de Carpentras, quoiqu'elle soit du diocèse d'Orange. On compte dans le bourg environ mille habitans. Il est situé sur la petite riviere de Salette, dans un petit vallon borné vers le nord, par une montagne qui le garantit des vents auxquels cette contrée, est exposée. Le territoire, est fertile en bled, en vin, en huile, en pâturages, & en excellent vin muscat. Il y a trois sources d'eau salée, qui ne tarissent jamais. Elles sont si chargées de sel, qu'un particulier qui en avoit fait l'épreuve, s'étoit obligé par un traité qu'on conserve dans les archives de la chambre apostolique, de fournir pendant six mois tout le sel nécessaire au comtat-Venaissin, à raison de trois livres le minot. Ce projet mis à execution, fut presqu'aussitôt abandonné à cause de la rareté du bois nécessaire pour faire bouillir les eaux dont on tiroit le sel.

Non loin de ce bourg, à l'extrémité de la montagne, & à mi-côte, est une chapelle, dédiée à la Sainte-Vierge, & dont on attribue la fondation à l'empereur Charlemagne. On croit que dans la suite cette église fut possédée par les templiers.

La jurisdiction du juge de Carpentras, s'étend encore sur *Vaison*, ville épiscopale située près de la riviere d'Oueze, dans la partie montagneuse du comtat, où le climat est un peu moins tempéré que dans les plaines. Elle étoit ancienement la capitale du pays des *Vcontiens*, & une des plus grandes villes des gaules, comme il paroît par ses ruines qui s'étendent l'espace d'une lieue. Les lombards & les sarrasins la saccagerent à différentes reprises. On bâtit à la même place, & sur le penchant d'une montagne, la ville actuelle, qui n'est ni grande ni peuplée, puisqu'elle ne contient pas plus de deux mille cinq cents habitans. L'évêché est très-ancien : il étoit connu avant l'année 314. Au dixieme siecle, sous le regne de Conrad *le pacifique*, la moitié de la seigneurie de cette ville fut donnée à l'évêque, par les comtes Geoffroy & Bertrand. Les papes en ont aujourd'hui l'autre moitié, en vertu des droits que leur ont transmis les comtes de Toulouse. Mais cette seigneurie, l'évêché, l'étendue du diocèſe (du moins relativement au comtat) ne ſont rien moins que conſidérables.

Le lieu qui a fixé le plus mon attention, eſt *Malaucenne*, au ſud-eſt de Vaiſon, & de la judicature de Carpentras. Il eſt ſitué dans un vallon délicieux & très-fertile, près de la petite riviere de Grauſel, dont la ſource eſt à une demi lieue du côté du levant. L'air qu'on y reſpire, eſt ſi pur & ſi ſalubre, que les perſonnes attaquées de maladies de langueur, y vont paſſer la belle ſaiſon pour retablir leur ſanté. On a remarqué que la peſte n'y a preſque jamais pénétré, & que les maladies épidémiques, y ſont bien moins de ravages qu'ailleurs. Les habitans de cette petite ville doivent une grande partie de leurs richeſſes aux belles eaux du Grauſel, qui arroſent & fertiliſent leurs prairies. Les moulins à papier, à cuivre, à foulon & à bled, établis ſur le cours de cette riviere, leur ſont auſſi d'un très-bon rapport. Le moulin à cuivre mérite l'attention des curieux. On y voit un grand tonneau qui reçoit l'eau par un tuyau perpendiculaire, & qui, par un autre tuyau, fournit du vent à la forge où l'on fond le cuivre. Ces divers moulins forment d'ailleurs une promenade très-agréable ; & plusieurs petits ruisseaux qui coupent le vallon, ne contribuent pas peu à entretenir la verdure qui le pare, même dans les plus grandes secheresses.

Je ne nomme ici *Valréas*, que parce que c'est une judicature, & pour vous apprendre en même temps que c'est la patrie du Carme *Pierre de Saint-Louis*, qui publia en 1668, un poëme de *la Magdelene*, ce chef-d'œuvre de pieuse extravagance, où le rossignol & les pinsons, sont des *luths animés*, des *orgues vivantes*, des *syrenes volantes* ; les arbres de *vieux barbons*, de *grands enfans* d'une plus grande mere, d'*énormes géants*, des *colosses éternels*, & où Magdelene passant de la contemplation de son crucifix, apprend la grammaire, passe de la grammaire à la versification, entre ensuite en rhétorique, & arrive enfin à la philosophie.

Parmi les lieux qui ressortissent de cette jurisdiction, le bourg de *Piolenc*, est le seul qui m'ait paru digne d'être remarqué. Il est à une demi-lieue du Rhône, & peu éloigné de la ville d'Orange dont il dépend pour le spirituel. Le climat, y est, comme celui d'Avignon; très-sujet à des vents impétueux. Le sol est humide, & le terrain gras. Le bled, le vin, les foins, les légumes de toute espece, le bled de turquie & toutes sortes de fruits y viennent en abondance. Les mûriers, les figuiers & les saules y sont en grande quantité. Il y a plusieurs mines de charbon de pierre, dont on fait de la chaux & du verre, & que l'on brule dans les maisons; quelque peu de jayet, d'ambre, de vitriol & de couperose, ainsi que beaucoup de terre propre à faire des pipes & de la faïence. Le commerce de la soie est le principal qui se fasse dans ce bourg. On y voit une verrerie, plusieurs filages de soie, beaucoup de fours à chaux, une manufacture de faïence, & plusieurs fabriques en laine. Il s'y tient tous les ans, le jour de Saint-Jean Baptiste, une foire assez considérable en mousselines & en bijouteries de toute espece.

Je suis, &c.

A Grignan, ce 10 Novembre 1759.

LETTRE CCCXCIII.

SUITE DU COMTAT-VENAISSIN.

En vous disant, Madame, que le diocèse de *Cavaillon* est au midi du comtat-Venaissin, c'est vous donner une idée avantageuse de la contrée où il est situé. Elle est en effet généralement agréable & fertile en toutes sortes de productions. La ville épiscopale est au pied d'une montagne, sur la rive droite de la Durance. Les *Cavares*, qui en furent les premiers habitans, l'avoient bâtie sur la montagne même, où l'on voit encore aujourd'hui des restes d'anciennes murailles, & les fondations d'une forteresse, qui sont d'une épaisseur étonnante. Elle étoit alors une des principales villes de ces peuples. Aussi Strabon la nomme *urbs Cavarum*, *ville des Cavares*.

On ignore en quel temps cette ancienne ville fut détruite. Peut-être le fut-elle par les romains, qui après s'être emparés de ce pays, crurent ne pas devoir laisser subsister une place si forte, contre laquelle leurs ennemis auroient pu faire quelque heureuse tentative pour en redevenir les maîtres, & inquiéter de-là leurs nouveaux vainqueurs. Quoi qu'il en soit, il n'est pas douteux que ces mêmes romains n'aient bâti au pied du rocher la nouvelle ville; qu'ils n'y aient envoyé une colonie sous le nom de *cavellio* ou *cabellio*, & qu'ils ne l'aient mise au nombre des villes latines. Ce fait se trouve justifié par les vestiges d'un arc de triomphe qu'on voit à l'entrée des caves du palais épiscopal, par plusieurs inscriptions, statues & médailles anciennes qu'on a trouvées en divers temps en fouillant la terre près de la montagne. En 1600, on découvrit une statue qui représentoit la déesse *Cérès*, debout sur un bœuf couché, tenant d'une main un bouquet de fleurs, & de l'autre une corne d'abondance : son habit étoit couvert de pampres de vigne, & sa tête couronnée de fleurs, de fruits & d'épis de bled. En creusant un puits dans la ville, on trouva un souterrain orné d'un beau pavé à la mosaïque, & qui étoit d'une dureté surprenante.

Cette ville de *Cavaillon* subit, comme vous vous l'imaginez sans doute d'avance, le même sort, que les autres villes du comtat-Venaissin. Les romains en furent chassés par les barbares, & ceux-ci par les premiers rois de Bourgogne, qui la possédèrent près d'un siecle. Elle fut ensuite soumise aux François, & successivement aux comtes d'Arles & de Provence, & à ceux de Toulouse. Enfin notre Philippe *le Hardi*, héritier du dernier de ces comtes, la céda au pape.

On ne peut pas fixer l'époque où la lumiere de l'évangile fut portée à Cavaillon. Mais on sait que le siege épiscopal étoit occupé au commencement du quatrieme siecle. Sous les descendans de Charlemagne, cette ville eut plusieurs co-seigneurs. Elle en a encore deux, le pape & l'évêque. Chacun y a ses officiers de justice, qui sont changés tous les ans. Les évêques prêtent hommage au pape, pour la moitié de la ville, aussi bien que pour les autres fiefs qui dépendent de leur mense.

Cavaillon ressortit de la judicature de l'île. Le nombre de ses habitans, est d'environ cinq mille; y compris les juifs, qui y ont une synagogue, avec plus de liberté que dans les autres villes du comtat. Ce seroit envain qu'on chercheroit ici quelque monument, quelque édifice, ou quelque autre objet remarquable & intéressant. Cette ville avoit autrefois sur la Durance un bon port, qui la rendoit marchande. Il a été détruit, parce que cette riviere, dont les débordemens sont si fréquens, a changé de lit. Les rues sont pour la plûpart étroites & mal-propres, à cause de la paille qu'on répand devant les portes des maisons, pour faire du fumier. Mais vous oubliez cette incommodité, lorsque vous jettez les yeux sur la campagne : vous diriez que c'est un jardin d'une très-grande étendue. Les habitans laborieux ne négligent pas le plus petit coin de terre susceptible de culture ou d'amélioration. Aussi recueillent-ils de très-bons fruits, & des denrées de toute espece. Il est vrai qu'ils en sont redevables en partie aux excellentes eaux de la Durance. Le limon gras qu'elles portent avec elles, fertilisent les terres les plus maigres. Le droit de les dériver fut accordée l'an 1171, par Raymond V, comte de Toulouse & marquis de Provence, à l'évêque de cette ville. Ses successeurs ont constamment joui de ce droit, jusqu'en 1728, qu'ils l'ont cédé à la communauté.

Un tremblement de terre se fit sentir à Cavaillon, le 5 Juin 1731, entre dix & onze heures de la nuit. Il fut si violent, que les habitans effrayés crurent qu'ils alloient être engloutis. Mais le seul dôme de la porte de *la Couronne* fut renversé. On n'avoit point eu connoissance jusqu'à ce jour d'aucun accident de cette nature, que cette ville eût éprouvé. Au reste, c'est la patrie du vénérable *César de Bus*, instituteur des prêtres de la Doctrine Chretienne.

Le diocèse est assez étendu, & a quelques paroisses en Provence. En le parcourant, à peine ai-je reconnu le lieu où étoient autrefois *Cabrieres* & *Merindol*, bourgs trop fameux, sous François I, par le massacre de leurs habitans accusés d'hérésie, & par la démolition de leurs maisons. Dans le territoire du bourg de *Caumont*, aux confins du comtat, & sur le bord de la Durance, il y a une chartreuse anciennement appellée *Maupas* ou *Mauvais-pas* : nom qui, suivant quelques auteurs, lui venoit, de ce qu'en 730, les habitans d'Avignon ayant voulu disputer aux Sarrasins le passage de la riviere, avoient été presque tous taillés en pieces. Mais un autre auteur dit, avec plus de fondement, que cet endroit avoit été ainsi nommé, parce qu'il servoit de retraite à une troupe de brigands & d'assassins qui égorgeoient les passans. Un gentilhomme du pays s'étant mis à la tête d'un certain nombre d'hommes déterminés, vint à bout de les exterminer ou du moins de les chasser de ce coupe-gorge. Il y fit bâtir une chapelle & un asyle pour lui & pour sa ſa troupe, afin de ſecourir & de défendre les voyageurs. Le nom de *Maupas*, fut alors changé en celui de *Bonpas*. Cet endroit fut ſucceſſivement poſſédé par l'évêque de Cavaillon, les templiers & les chevaliers de Rhodes. Le grand-maître de ceux-ci l'offrit au pape Jean XXII, qui le donna & l'incorpora en 1318, à l'ordre des chartreux.

De tous les villages du Comtat, qui ſont du diocèſe de Cavaillon, il n'en eſt preſqu'aucun qui ne ſoit agréablement ſitué & dans un bon territoire. A cela près, ils n'offrent rien de curieux. J'ai vu ſeulement, en paſſant par le bourg de *Saumane*, adoſſé à une longue chaîne de montagnes, ſur un côteau expoſé au midi, j'ai vu un château dont les murs ſont d'une épaiſſeur extraordinaire, & quelques veſtiges de fortes murailles, dans leſquelles il paroît que ce bourg étoit anciennement renfermé. Mais en remontant vers le nord de Cavaillon, je me ſuis arrêté avec plaiſir à l'*Iſle*, chef-lieu d'une judicature de ſon nom, & dont il faut bien que je vous dise ici quelque chose.

Cette ville, ainsi nommée parce qu'elle est dans une île que forme la riviere de Sorgue, est peuplée de cinq à six mille habitans, parmi lesquels on compte un assez bon nombre de juifs. Le lieu où elle est située, n'étoit autrefois qu'un marécage, habité par quelques pêcheurs qui y avoient construit leurs cabanes. Il s'y forma insensiblement un bourg, qui porta le nom de *Saint-Laurent*, & qu'on nomme aujourd'hui la *Ville-vieille*. Bientôt on déssecha les marais, en creusant des canaux à la Sorgue. Le nombre des habitans devint dès-lors plus considérable. De nouvelles maisons furent bâties & entourées de murailles, le long desquelles on fit passer un nouveau canal tiré de la même riviere, Les *grandes compagnies* ou *Malandrins*, désoloient alors tout ce canton. Les habitans des bourgs de Velorgues & de Saint-Antoine, ne se voyant pas en état de leur résister, se retirerent dans l'île qui étoit hors d'insulte.

C'est alors, que ce bourg prit le nom des *Isles*, *Insulæ*. Dans la suite on lui donna celui de l'*Isle*, soit par abréviation, soit parce que les deux ou trois îles dont le bourg étoit composé, se trouvoient reunies en une seule, au moyen des communications qui avoient été établies.

Il n'y a qu'une paroisse dans cette ville, & cinq à six maisons religieuses. Le pape en est seigneur. Elle a toujours joui du droit de commune immédiate à ses souverains. Les rois de France, les comtes de Provence & les souverains pontifes en ont reconnu & confirmé les droits, les usages & les loix municipales. S'il faut en croire ses habitans, elle n'a jamais eu d'autre milice n'y d'autre garnison que ses propres citoyens, qui l'ont constamment conservée à ses légitimes souverains. La justice y est administrée par un juge-majeur que nomme annuellement le pape, ou le vice-légat.

Il se tient à l'Isle plusieurs foires & des marchés très-fréquentés. On y fabrique de étoffes de laine, des couvertures de lit, &c. Mais le commerce de la soie & celui des cuirs tannés sont les deux articles qui favorisent le plus l'industrie des habitans.

On trouveroit difficilement un terroir mieux cultivé, plus fertile & plus riant que celui de cette ville. Les grains, les vins, l'huile & les fruits y viennent en abondance. La plupart des terres sont plantées, ou du moins bordées de mûriers. Le canton qui est arrosé de la Sorgue, produit beaucoup de pâturages & de légumes de jardin. Tout autour de la ville, & le long de cette riviere qui la traverse & la contourne, regne un beau cours, qui forme une promenade délicieuse. A ces environs si agréables, joignez le climat le plus tempéré & le plus sain. Il est surtout excellent pour les personnes attaquées de la poitrine.

Après avoir traversé, du côté de l'est, cette plaine charmante, vous entrez dans un vallon terminé par un demi cercle de rochers d'une prodigieuse élévation, & qu'on diroit avoir été taillés perpendiculairement, En continuant votre route, vous suivez un ſentier étroit & plein de cailloux, qui vous mene au pied de cette maſſe énorme de pierre. Là, vous voyez un antre, que ſon obſcurité rend éffrayant à la vue, & où il y a deux grandes cavernes. C'eſt vers le milieu de cet antre que ſort d'un gouffre dont on n'a jamais trouvé le fond, cette fontaine de *Vaucluſe* (*vallis clauſa*), ſi célebre par les noms de Pétrarque & de la belle Laure. Un amas conſidérable de rochers forme une chauſſée au devant, mais à pluſieurs toiſes de diſtance de cette ſource, non moins abondante que profonde. Quand elle eſt dans ſon état ordinaire, l'eau paſſe par des conduits ſouterrains dans le lit où elle commence ſon cours, prenant le nom de riviere de *la Sorgue*. Mais dans le temps de ſa crue, elle s'éleve impétueuſement au-deſſus de cette eſpece de mole qui eſt devant l'antre; y forme un baſſin, dont la ſurface eſt unie comme une glace, & ſe précipite enſuite avec un bruit horrible, à travers les débris des rochers qu'elle blanchit de ſon écume. A prendre cette fontaine depuis ſa ſource juſqu'à la plaine, je trouve que le poëte voyageur en a bien peint le cours dans la deſcription ſuivante.

Là, parmi des rocs entaſſés,
Couverts d'une mouſſe verdâtre,
S'élancent des flots couronnées.
D'une écume blanche & bleuâtre.
La chûte & le mugiſſement
De ces ondes précipitées,
Des mers par l'orage irritées
Imitent le frémiſſement.
Mais bientôt moins tumultueuſe;
Et s'adouciſſant à nos yeux,
Cette fontaine merveilleuſe
N'eſt plus un torrent furieux.
Le long des campagnes fleuries,
Sur le ſable & ſur les cailloux,
Elle careſſe les prairies
Avec un murmure plus doux.
Alors, elle ſouffre ſans peine
Que mille différens canaux
Diviſent au loin dans la plaine
Le tréſor fécond de ſes eaux.
Son onde toujours épurée,
Arroſant la terre altérée,
Va fertiliſer les ſillons
De la plus riante contrée
Que le dieu brillant des ſaiſons,
Du haut de la voûte azurée,
Puiſſe échauffer de ſes rayons.

Le cryſtal n'eſt pas plus clair,

plus pur que l'eau de cette ſource. Elle ne forme ni mouſſe ni dépôt. Cependant elle n'eſt pas bonne à boire à cauſe de ſa peſanteur & de ſa crudité. Mais elle eſt excellente pour la tannerie & la teinture, & fait croître une herbe qui a la vertu d'engraiſſer les bœufs & d'échauffer les poules. Pline & Strabon parlent de ces propriétés.

Tout près de cette fontaine, on voit le village de *Vaucluſe*, & un vieux château perché ſur la montagne, au pied de laquelle la Sorgue ſerpente. Les habitans prétendent que ce château étoit la demeure de Pétrarque. Mais on aſſure au contraire qu'il a toujours appartenu à l'évêque de cavaillon, ſeigneur de cet endroit, & que Pétrarque étoit logé près du village, dans une petite maiſon de payſan, dont il ne reſte plus aucune trace.

Ce grand poëte, né en 1304 à Arezzo en Toſcane, élevé dans une des villes du comtat, où ſes parens s'étoient retirés pendant les querelles des *Guelfes* & des *Gibelins*, avoit embraſſé l'état eccléſiaſtique. On dit que ce fut à l'*Isle* qu'il vit pour la premiere fois, en 1327, à l'office du vendredi-saint, la belle *Laure*, alors âgée d'environ dix-neuf ans, fille d'*Audifret* de *Noves*, résidant à Avignon. La passion qu'il conçut pour cette demoiselle, fut si vive, qu'après vingt années de constance, elle ne trouva pas de terme dans la mort même de celle qui la lui avoit inspirée. Laure éprouva sans doute quelques sentimens de retour en faveur de Pétrarque. Mais elle ne lui en donna jamais aucun témoignage qui pût porter la moindre atteinte à sa vertu.

L'amant malheureux se choisit une retraite près de la fontaine de Vaucluse, où il ne cessa d'exhaler ses plaintes amoureuses dans des sonnets & des chansons, qui respirent la poésie la plus aimable & les sentimens les plus tendres. Il fit ensuite divers voyages en France, en Allemagne, en Italie, & fut par-tout reçu comme un homme d'un mérite distingué. Mais la passion qui faisoit le tourment & tout à la fois le bonheur de sa vie, le suivoit par tout.

Il revint à Vaucluse, & y chanta de nouveau les vertus & les charmes de sa maîtresse, qui lui doit son immortalité.

Le nom du poëte retentissoit alors dans toutes les contrées de l'Europe. Il fut invité de la maniere la plus flatteuse par le sénat de Rome, le roi de Naples & le chancelier de l'université de Paris, à venir recevoir la couronne poétique. Rome eut la préférence; & Pétrarque y fut couronné de lauriers. Comblé d'honneurs & de gloire, il se retira à Parme, où il apprit, en 1348, la triste fin de la belle Laure, morte de la peste qui désoloit Avignon. Il repassa les Alpes, pour revoir Vaucluse: Il y pleura, pendant quelque temps, la femme vertueuse qui lui avoit autrefois rendu cette solitude si chere. Enfin ces lieux lui étant devenus desagréables & affreux, par le souvenir même de celle qu'il avoit perdue, il retourna en Italie, où, après avoir été employé dans diverses ambassades par les Visconti ducs de Milan, il consacra ses dernieres années aux travaux de la littérature. Il mourut dans une maiſon de campagne à Arqua, tout près de Padoue.

N'ajoutez aucune foi, Madame, à ce qui eſt rapporté dans l'hiſtoire eccléſiaſtique de l'abbé Fleuri, & dans celle de France, par Villaret, concernant ces deux perſonnes célébres. Ces auteurs diſent que le pape Benoît XII voulut perſuader à Pétrarque d'épouſer Laure, lui promettant une diſpenſe pour qu'il gardât ſes bénéfices, & que le poëte l'ayant refuſé ſous le prétexte qu'il ne pourroit plus la chanter, Laure ſe maria à un autre. C'eſt une fable puiſée dans des auteurs peu inſtruits ou peut-être mal intentionnés. Laure avoit déjà épouſé *Hugues de Sade*, ſeigneur de Saumane, à qui elle donna pluſieurs enfans.

Cette dame illuſtre joignoit aux graces de la beauté, tous les agrémens de l'eſprit. Elle étoit du nombre de celles qui compoſoient la ſeconde cour d'amour, qui, au quatorzieme ſiecle, s'aſſembloit dans le comtat, à Sorgues ou à l'Iſle; au lieu que la premiere ſe tenoit, comme je l'ai dit ailleurs, au douzieme ſiecle, dans la terre des Baux, en Provence. Les dames de la cour d'amour dont je parle ici, étoient, selon les historiens de la poésie provençale, *Phanette des Baux*, épouse de Bérenger de Pontevez; *Jeanne* dame *des Baux*; *Blanche de Pontevez*, surnommée *Blanche-fleur*; la marquise de *Saluces*; *Huguette de Sabran Forcalquier*; *Doulce de Moustier*, *Mabille de Villeneuve*, dame de *Vence*; *Briande d'Agoult*, *Stephanette de Cantelme*; & enfin la belle *Laure de Sade*, sa niece & son éleve.

Parmi les chevaliers chansonniers qui brilloient dans cette cour, où l'on ne traitoit que des matieres de galanterie, les plus distingués par leurs talens étoient *Bernard de Parasols*, qui fit contre la reine Jeanne des satyres très-mordantes, en forme de tragédies: *Pierre de Boniface*, qui fut au contraire très-attaché à cette reine, & qui mourut dans le même temps qu'elle fut étranglée ou étouffée entre deux matelats: le seigneur de *Blacas*, surnommé *Lou grand guerrier*, parce qu'il avoit fait un poëme intitulé, *la maniere de ben guereiar*: enfin l'aimable *Pétrarque*, qui composoit ses chansons en italien, & non en provençal. Mais ces deux langues ont une grande affinité; & le poëte étoit aussi bien entendu & admiré dans sa langue naturelle, que dans celle du pays où se tenoit la cour d'amour.

Vous savez peut-être, Madame, que la noblesse d'Avignon, & du comtat-Venaissin, fait corps en certaines occasions. Elle est composée d'un grand nombre de familles illustres, dont la plupart sont venues d'Italie, ou des provinces voisines. En voici quelques-unes qui existent encore.

La maison des *Berton de Crillon*, descend de celle de *Balbi*, originaire de la ville de Quiers en Piémont. La branche de *Berton* est établie à Avignon depuis 1452, époque à laquelle *Gilles de Berton*, épousa Catherine de Seytres-Caumont. Ils n'ont cessé depuis de se distinguer dans les guerres d'Italie, du côté des François; & dans les guerres intestines de France, du côté des catholiques. Qui ne connoît pas ce Crillon, si justement surnommé *le brave!* C'est le même qui entendant un jour le sermon de la passion, lorsque le prédicateur décrivoit le supplice de la flagellation, fut saisi d'un enthousiasme subit, & portant la main sur son épée, s'écria: *ou étois-tu Crillon ?*

Les *Cambi*, appellés communement *Cambis*, tirent leur origine de Florence. Ils passerent en Provence au quinzieme siecle, à la suite des princes de la maison d'Anjou. La branche d'*Orsan* s'établit à Avignon en 1548 : celle de *Velleron* en est issue.

Les *de Laurent* vinrent se fixer dans la même ville au seizieme siecle. Ils descendent des *Laurenti* de Rome, dont une branche a passé en Piémont.

Les *Lauris* sont d'une ancienne noblesse de Provence.

Les *Fortia* prétendent être originaires d'Arragon, d'où ils ont passé en Languedoc. Une branche s'est établie à Avignon, l'autre en Provence. Le château de *Pilles*, dont ceux-ci ont pris le nom, est dans le comtat.

Les *Galéan* passerent de Nice à Avignon, pendant le cours du quinzieme siecle. C'est en leur faveur que le pape Clément IX erigea en duché la seigneurie de Gadagne, située dans le comtat. Une autre branche, qui portoit le nom des seigneuries de *Salernes* & des *Essarts*, a été élevée de nos jours à la dignité de princes de l'empire.

Les *Lopès*, que l'on appelle communement *Lopis*, & dont une branche porte le nom de *la Fare*, font remonter leur origine jusques à une maison très-illustre d'Espagne, dont étoit, entr'autres, le connétable de Castille, dom Lopès d'Avalos. Ils ne sont à Avignon, que depuis le commencement du seizieme siecle. Il se diviserent dans ce même temps en deux branches, dont l'une est établie à Carpentras.

Les *Merle de Beauchamps* sont originaires du Beaujolois, mais d'une branche transplantée en Provence, dès le quatorzieme siecle, & à Avignon, au commencement du quinzieme.

Les *Peruzzi* tirent leur origine de

Florence. Leur famille y a joué un grand rôle dans les treizieme & quatorzieme siecles. Chassés de leur patrie par les Médicis, ils passerent à Avignon en 1470.

Si l'ancienne maison de *Sade* n'est pas originaire d'Avignon même, du moins y est-elle établie de toute ancienneté. La seigneurie d'où elle prend son nom, est à la vérité dans le Languedoc, mais à deux lieues d'Avignon, de l'autre côté du Rhône. La belle Laure étoit de cette maison, par elle-même, selon les uns, & par son mari, selon d'autres. Ces gentils-hommes portoient anciennement pour armes, une étoile à huit pointes. L'empereur Sigismond leur permit en 1416, de placer au-dessus un Aigle à deux têtes.

Les *Seytres*, seigneurs de *Caumont*, vinrent du Dauphiné à Avignon en 1340. Leurs noms dans ces anciens titres est écrit en latin, *de Sceptris.*

Les *Suarés* d'*Aulan* descendent d'une illustre maison d'Espagne. Ce fut au commencement du seizieme siecle, qu'ils passerent à Avignon.

Tout le monde ſait que la maiſon d'*Albert*, de laquelle ſont les ducs de Luynes & de Chaulnes, eſt originaire de Florence. Elle y ſubſiſte encore, & porte le nom d'*Alberti*. La branche françaiſe paſſa en Provence au quinzieme ſiecle.

Je ſuis, &c.

A Grignan, ce 13 Novembre 1759.

LETTRE CCCXCIV.

PRINCIPAUTÉ D'ORANGE.

AVANT de paſſer de la Provence dans le Dauphiné, je dois vous faire connoître, Madame, la principauté d'Orange, qui a été regardée comme dépendante tantôt d'une de ces provinces, tantôt de l'autre. Située en grande partie entre le Dauphiné & le comtat, & ſéparée du Languedoc par le Rhône, elle a ſix lieues de longueur ſur trois dans ſa plus grande largeur. Le climat y eſt fort tempéré & fort ſain, quoique les vents du nord y ſoient ſouvent très-incommodes. Pluſieurs petites rivieres & un grand nombre de fontaines qui arroſent le terroir, le rendent très-fertile ; & le voiſinage du Rhône fait fleurir le commerce dans ce pays. On y recueille des grains, de très-bonne huile, des fruits, des légumes, du ſafran, & d'excellens vins. On y éleve auſſi beaucoup de vers à ſoie. Mais il n'y a ni orangers ni oranges. Auſſi le nom de cette principauté, n'a-t-il rien de commun avec ce fruit. Il vient de l'ancien nom latin, & plus anciennement celtique ou gaulois, *Arauſio*. Nos anciens auteurs l'écrivoient toujours *Aurange* & jamais *Orange*.

La ville principale, qui a donné ſon nom à ce petit état, eſt ſituée au pied d'une colline, à l'extrémité d'une belle plaine, ſur la petite riviere de Meyne. Elle étoit du temps des gaulois, une des quatre grandes cités des *Cavares* : les autres étoient Avignon, Carpentras & Cavaillon. Les romains s'en étant emparés ſur ces peuples, y établirent une colonie qu'ils nommerent *colonia ſecundanorum*, parce qu'elle fut principalement composée des vétérans de la ſeconde légion.

Ce fut ſans doute alors qu'on agrandit l'enceinte de cette ville, & qu'on bâtit ſur la montagne une grande quantité de maiſons, qui furent entourées de murailles, & qui, dans la ſuite des temps, ont été détruites. Tant qu'elle reſta ſous la domination romaine, elle jouit de tous les avantages d'une ville considérable. C'est ce qui paroît par les monumens encore existans. On y voit des restes imposans d'un grand & beau cirque, qui, au seizieme siecle, étoit encore assez entier. On reconnoissoit la grande muraille contre laquelle étoit appuyé le demi-cercle de l'amphitéâtre. Elle est bâtie de grands quartiers de pierres de taille grisâtres, qui ne paroissent joints par aucun ciment ni mortier, probablement à cause que la longueur du temps & la bonne construction les ont rendus, pour ainsi dire, contigus. On remarque au bas de la muraille plusieurs arcs qui formoient sans doute, autant de portes ou d'entrées: celle du milieu est la plus grande. Dans la partie extérieure de la muraille, on voit encore plusieurs ornemens d'architecture, pilastres, chapiteaux & frises; & dans l'intérieur, les gradins sont encore assés bien conservés, du moins en certains endroits. On peut suivre & dessiner tout le tour de ce cirque ou amphitéâtre, &., à travers plusieurs lacunes, ruines & dégradations, retrouver toutes les parties qui devoient entrer dans la composition d'un grand cirque ou théâtre des romains. Aujourd'hui l'intérieur du cirque forme une des places publique d'Orange. A son extrémité, est le couvent des cordeliers.

Les arenes sont hors de la ville & assez bien conservées. C'est là, dit-on, que combattoient les gladiateurs, le cirque étant destiné pour des jeux moins cruels.

Il faut encore remarquer les ruines d'un bel aqueduc, qui conduisoit l'eau dans des thermes ou bains publics. C'est aussi à cet usage que paroit avoir été destinée la grosse tour ronde, que l'on fait encore voir aux étrangers. Sans s'arrêter à un grand nombre d'inscriptions, de médailles, de statues brisées, représentant Diane ou Flore, & à des morceaux de pavé travaillés en mosaïque, dont quelques-uns sont très - beaux, il faut s'attacher à considérer l'*arc triomphal*, qui subsiste encore presqu'en entier, à quelque distance de la ville, sur le grand chemin. Les voyageurs, en passant, ne peuvent presque éviter de le voir. C'est un bâtiment à quatre faces, dont deux sont percées en arcades. Chacune des quatre faces est chargée de bas-reliefs, qui représentent, au milieu de différens ornemens d'architecture & de trophées, des figures de captifs, où l'on a cru reconnoître des Cimbres & des Teutons : ce qui a fait croire que c'étoit un monument élevé à la gloire de Marius, après que ce général romain eut vaincu les Cimbres. L'intérieur du bâtiment carré est rempli par plusieurs voûtes l'une sur l'autre. Ce superbe & précieux monument a donné lieu à plusieurs savantes dissertations.

On prétend qu'il y avoit anciennement sur la hauteur qui domine la ville, un capitole, où, comme à Rome, les magistrats s'assembloient pour rendre la justice, & pour administrer les affaires publiques. C'est au même lieu qu'a été bâti le château des princes d'Orange, & ensuite une citadelle qui a été détruite sous le regne de Louis XIV.

Les Bourguignons & les Visigoths

furent les premiers barbares qui s'emparerent de la ville d'Orange sur les Romains. Ils en furent chassés par nos Rois de la premiere race, auxquels succéderent ceux de la seconde, qui eurent à combattre les Sarrasins C'est sous le regne de Charlemagne que l'on place l'histoire de *Guillaume au Cornet*, ou *au Courtnez*, l'un des plus fameux paladins de la cour de cet Empereur. On le regarde comme le premier comte ou prince d'Orange, & comme le chef de la premiere race de ses petits Souverains, parce qu'il conquit ce pays sur les Sarrasins qui en étoient les maîtres. Quelques auteurs ont conjecturé que ce premier prince d'Orange pourroit être le même que Guillaume, premier duc d'Aquitaine, & comte d'Auvergne, qui après avoir livré bien des combats, & gagné des batailles, se retira sur les montagnes d'Auvergne, dans un hermitage dédié à Saint-Julien martyr, & y fonda une Abbaye qui a donné naissance au noble & illustre Chapitre de Saint-Julien de Brioude, dont les chanoines portent le titre de Comtes.

Quoi qu'il en soit, Guillaume *au Cornet* ne laissa qu'une fille nommée *Eremburge*, dont la postérité posséda la principauté d'Orange. Mais on ne sait ni combien de tems cette maison subsista, ni en quelles mains passa ce petit état, lorsqu'elle fut éteinte. Il paroît qu'au douzieme siecle, il fut divisé par moitié entre deux freres, & que chacun d'eux fut Souverain dans la portion qui lui étoit échue. Dans le même siecle, un de ces Princes d'Orange étant à la Terre-Sainte, se lia avec les Chevaliers de Saint Jean-de-Jérusalem, qu'on appelle aujourd'hui *de Malthe*, en amena quelques-uns dans son pays, & les prit si fort en affection, qu'étant mort sans enfans, il leur laissa sa portion par son testament. Cet ordre jouit alors de la moitié d'Orange avec tous les droits de la souveraineté, & celui d'y faire battre monnoie.

La moitié restante, qui avoit été divisée de nouveau entre plusieurs freres, fut enfin réunie sur la tête d'une princesse nommée *Tiburge*. Elle épousa Bertrand-des-Baux, qui a formé la seconde branche bien connue des princes d'Orange. Bertrand eut le bonheur de plaire à l'Empereur Frédéric-Barberousse. Ce Monarque étant venu se faire couronner à Arles, lui permit de s'intituler prince d'Orange par la grace de Dieu, & lui accorda tous les droits de la souveraineté de sa seigneurie, quoique les Chevaliers de Saint-Jean en possédassent toujours la moitié.

Guillaume IV, fils de Bertrand, reçut encore plus de bienfaits de l'Empereur Frédéric II, qui lui abandonna le titre de Roi d'Arles & de Vienne, en vertu duquel il paroit que tout le haut Domaine de ce qui avoit autrefois composé les royaumes d'Arles & de Bourgogne, devoit appartenir au prince d'Orange. Mais celui-ci étoit trop foible pour tirer quelque avantage d'un si beau titre : à peine put-il conserver l'indépendance de son petit état. Dans la guerre qu'il fit aux Albigeois, il eut le malheur d'être pris, & fut, dit-on, écorché vif.

Au commencement du quatorzieme siecle, Charles II, roi de Sicile, & comte

Comte de Provence, racheta la portion d'Orange, que possédoient les Chevaliers. Il la donna à Raymond III des Baux, son favori, sans exiger aucun hommage. Mais Jeanne, petite-fille de Charles, prétendant que cet hommage lui étoit dû, prit les armes contre Raymond IV, & après l'avoir fait prisonnier, le força à le lui rendre : cependant les Princes d'Orange ont toujours protesté contre cette soumission forcée.

Marie des Baux, fille unique de Raymond IV, épousa Jean de Châlons, descendant des anciens Comtes de Bourgogne, d'une branche qui possédoit la ville de Châlons-sur-Saône. La principauté d'Orange a été, depuis 1418 jusqu'en 1530, dans cette maison de Châlons. Mais pendant ce tems, ces Princes essuyerent différens revers, ayant pris tantôt le parti des Ducs de Bourgogne, tantôt celui de Louis XI, dans les guerres qui les divisoient. Le Monarque François fit prisonnier Guillaume VII en 1473, & le força de lui rendre hommage. Jean II de Châlons s'attacha au Roi Louis XII. Mais Philibert, son fils, prit le parti de Charles-Quint contre le Roi François I : ce fut lui qui pilla Rome, en 1527, lorsque le Connétable de Bourbon eut été tué à l'assaut de cette ville. Il avoit été déjà dépouillé de ses petits états ; & fut tué en 1530 au siége de Florence, laissant pour héritier Réné de Nassau, fils de sa sœur Claudine de Châlons ; ce qui étoit contraire aux dispositions de Jean I de Châlons ; & de Marie des Baux, qui dans leurs testamens avoient substitué toutes leurs terres aux enfans mâles de leurs enfans mâles, & au défaut de mâles, aux enfans d'Alix de Châlons, leur fille aînée. (C'est de cette Princesse qu'étoient issus les Princes d'*Orléans-Longueville*, dont le dernier fit le Prince de Conti son légataire universel.)

Réné étoit encore plus attaché à Charles-Quint que son oncle. Il mourut en 1544 ; & crut pouvoir disposer par testament de la principauté d'Orange, en faveur de Guillaume de Nassau d'Altenbourg son cousin, qui devint le fondateur & le premier chef des Provinces-Unies. Il est clair que celui-ci ne tenant en rien à la maison de Châlons, n'avoit aucun droit à cette succession. Cependant la France forcée par différentes circonstances, reconnut le droit des princes de Nassau-Orange sur cette principauté, & en laissa jouir les stathouders de Hollande pendant les dernieres années du seizieme siecle & tout le cours du dix-septieme, avec tous les droits de la souveraineté, entr'autres celui de battre monnoie.

Ces princes de Nassau établirent dans Orange un tribunal souverain, qu'ils appellerent *Parlement*. Ils fortifierent le château, & en firent une citadelle importante. Les calvinistes s'y multiplierent, parce que les princes étoient zélés protestans. Il y avoit cependant un évêché; & les catholiques n'y étoient point persécutés. Mais la ville fut bientôt partagée entre ceux des deux religions; le parlement fut mi-parti, & l'on éleva un temple huguenot vis-à-vis de la cathédrale.

Dans les guerres terminées par les traités de Nimégue & de Riswick, Louis XIV s'empara d'Orange, & fit raser la citadelle. Mais ce petit pays fut toujours restitué au prince Guillaume III, lorsque la France fut forcée de faire la paix avec lui. Ce monarque étant mort sans enfans en 1702, un prince de Nassau, stathouder de Frise, & le roi de Prusse se disputerent sa succession. Louis XIV termina leur différend, par rapport à Orange, en déclarant cette souveraineté dévolue à sa couronne, conséquemment aux anciens hommages rendus par les princes de la maison des Baux & de Chalons aux comtes de Provence & à Louis XI. L'exercice de la religion calviniste fut alors aboli dans Orange, le parlement supprimé; & il ne fut plus question que de disposer de la seigneurie ou domaine utile. Le roi déclara qu'il devoit appartenir aux héritiers de la maison de Chalons, & prononça en faveur de celle de Longueville, dont le prince de Conti étoit héritier. Cette seigneurie a été vendue au roi en 1731.

Rien de plus incertain que l'établissement du siége épiscopal à Orange. Quelques-uns le font remonter jusqu'au premier siecle du christianisme; & d'autres le fixent avec plus de fondement au quatrieme. Du moins, ce n'est gueres que depuis ce siecle, que l'on a une suite exacte des évêques de cette ville, qui ont toujours été suffragans de l'archevêché d'Arles. Il s'y est tenu plusieurs conciles assez fameux, principalement celui de 529. Outre l'église cathédrale, il y a trois couvens de religieux & une abbaye de filles. L'évêque jouit d'un revenu très-modique, & n'a sous sa jurisdiction que vingt paroisses, dont dix sont hors de la principauté.

La ville d'Orange ressortit du parlement de Grenoble. On y compte environ six mille habitans. Elle est ornée de places publiques, de fontaines dont les eaux sont excellentes, & de plusieurs belles maisons. Le commerce y est assez florissant. Il y a une manufacture de toiles peintes connues en beaucoup d'endroits, sous le nom de *toiles d'Orange*. On fait cas aussi des serges qui s'y fabriquent.

Au dessus de la colline où étoit bâtie l'ancienne ville, est un terrein en plateforme d'une demi-lieue, & d'où l'on découvre une grande étendue de pays très-varié. Environ trois cents métairies ou granges sont répandues dans le territoire de la ville d'Orange. Ce district est un des plus beaux & des plus fertiles. Les villages que renferme cette principauté, sont très-peu de chose. Un de ces bourgs, nommé *Courteson*, est la patrie de *Saurin*, que J. B. Rousseau accusa d'être l'auteur de ces fameux couplets, qui causerent les malheurs de notre premier poëte lyrique.

Je suis, &c.

A Grignan, ce 15 Novemb. 1759.

Fin du Tome XXX.

TABLE DES MATIERES

Contenues dans ce Volume.

LETTRE CCCLXXXIII.

SUITE DE LA PROVENCE.

LA ville d'Aix. Sa fondation. Page 1
Elle est conquise par divers peuples, & devient le séjour des comtes de Provence. Cour brillante d'Alphonse & de Raymond Berenger. Troubadours. 2 & suiv.
Situation d'Aix. Population intérieure de la ville. 4
Restes de monumens antiques. Découverte des eaux minérales. Leur vertu. ibid. & suiv.
Ruines d'une pyramide triomphale. Victoire de Marius sur les Cimbres & les Teutons. Trait de valeur & de courage des femmes de ces barbares. 7
Promenade appellée le *Cours*. 8
Place des freres prêcheurs. Palais où se rend la justice. 9
Hôtel-de-ville. 10

Tradition sur l'établissement du siege de l'Eglise d'Aix. Evêque qui assiste à l'assemblée où *Boson* fut couronné roi d'Arles. Evêque apostat. 11
Chambre ecclésiastique. 14
Eglises d'Aix. Notre-Dame *de la Seds*. La cathédrale. Beautés & singularités qu'on y remarque. Tombeau de Charles d'Anjou. Rose d'or. 15
Architecture remarquable de l'Eglise de Saint Jean de l'ordre de Malte. Tombeau d'Alphonse II. Statues de Raymond-Berenger & de Béatrix de Savoie. Calices curieux. 18
Choses à remarquer dans l'église des PP. de l'Oratoire, & autres. Tableaux. Tombeaux. Beau point-de-vue. Grotte de coquillages. 20 & s.
Crucifix remarquable dans l'église des Capucins. Histoire de ce crucifix. 25
Procession singuliere qu'on fait tous les ans à Aix le jour de la Fête-Dieu. Sa description. 28
Réflexions sur cette procession & sur son instituteur. 40
Parlement d'Aix. Ses premiers présidens les plus remarquables. 42
Chambre des Comptes & des Aides. Université. 44
Hommes illustres. *ibid* & suiv.
Campagne d'Aix. Ses productions. 48
Lambesc principauté. 49
Salle où se tiennent les assemblées générales de la province. Maniere dont elles se tiennent. 50
Territoire de Lambesc. Homme illustre que cette ville a produit. 52

Saint-Maximin. Son eglise. Chapelle souterraine. Reliques remarquables. 53
Brignolles. Origine de ce nom. Salubrité de l'air qu'on y respire. Attentat commis dans cette ville contre le duc d'Epernon. 54
Abbaye de *la Celle.* Garsende de Sabran comtesse de Provence. Comparaison de l'éloge qu'en faisoit son troubadour avec une chanson de nos jours. 56
Le bourg de *Lourmarin.* Fait consigné dans les régîtres du pays. 58
La tour d'Aigues. Château remarquable bâti par un baron de *Cental*, amoureux, dit-on, de la reine Marguerite. Remarques à ce sujet. 59

LETTRE CCCLXXXXIV.

SUITE DE LA PROVENCE.

MARSEILLE. Sa situation. 63
Trait d'histoire lors de sa fondation. 64
Les Phocéens abandonnent leur patrie pour venir s'établir à Marseille. Commerce, industrie de ses habitans. 65
Loi Pénale. Loi concernant le suicide. 66
Singulier usage de prêter de l'argent. 67
Sacrifices barbares faits par les marseillois à leurs divinités. 68
Guerres soutenues par les marseillois. Ils s'allient avec les romains, & deviennent puissans, & celebres dans les sciences. 69
Ils se déclarent pour Pompée contre César qui les soumet. 71

Le luxe s'introduit dans Marseille. Cette ville tombe sous la domination de divers peuples. 72
Vicomtes de Marseille. 73
La seigneurie de cette ville réunie au comté de Provence. 74
Marseille brûlée, pillée, & ensuite rétablie. 75
Séjour du roi *Réné* dans cette ville. Sieges mémorables qu'elle soutient. 76
Factions au sujet de la ligue dans Marseille. 77
La reine Médicis arrive à Marseille. Description de la galere qu'elle montoit. 78
Peste qui a désolé Marseille. Sa population. 79
Division de Marseille en *ville vieille* & en *ville nouvelle*. Beautés de l'église cathédrale. Descriptions arabes qu'on y a trouvées. 80
Ancienneté de l'évêché de Marseille. Trait de charité d'un de ses évêques. 82
Belle rue qu'on nomme le *Cours*. 83
Abbaye de *Saint-Victor*. Sa fondation & son histoire. 84
Eglise *supérieure* & église *souterraine* de cette abbaye. Choses remarquables dans l'une & dans l'autre. Chapelle où les femmes ne peuvent point entrer. Souterrain où l'on veut que la Magdeleine ait fait pénitence. Urne qu'on y a trouvée. 86
Autres églises de Marseille. Beautés qu'on y remarque. 88
Processions singulieres qu'on faisoit à Marseille au seizieme siecle. 89

Procession de la Fête-Dieu. 92
Anciens usages mis en pratique le jour de Noël. 93
Usage remarquable dans l'église de Saint-Victor. 94
Fortifications de Marseille. Privilege qu'ont les habitans de se garder eux-mêmes. 95
Places & fontaines. ibid & suiv.
Port de Marseille. 98
Fort de *Notre-Dame de la garde.* ibid
Isles appellées par les anciens *Stœchades.* 99
Château d'*If.* 100
Quais, qui bordent le port. 101
Hôtel-de-ville. Sa façade. 103
Bureau de la santé. ibid & suiv
Arsenal.
Manufactures. Commerce : privilege accordé par Charles IX aux gentilshommes marseillois qui le font. 105
Marchandises que les marseillois exportent dans les pays étrangers. Marchandises qu'ils en retirent. 107
Administration de la ville de Marseille. 111
Jurisdiction des *prud'hommes.* 112
Restes des monumens anciens de Marseille. 114
Hommes illustres de l'antiquité nés à Marseille. 115
Action admirable de la vertueuse *Hemethéa.* 117
Hommes illustres modernes. Académie. 118
Climat de Marseille. 121
Etendue du diocèse. Terroir. 122
Bastides. Endroit appellé *la vigie.* 123
Grottes ou *Beaumes* qui renferment des *stalactites.* 124

Caſſis.-La Ciotat. ibid & ſuiv.
La *Sainte-Beaume.* Sa deſcription. 126
Pluſieurs têtes couronnées y ont fait des pélerinages. 128
Agrémens de la route qui conduit de Marſeille à Toulon par Aubagne. *Saint-Pons.* Paſſage d'*Olioules.* 129

LETTRE CCCLXXXV.

Suite de la Provence.

VALLON agréable. Environs de Toulon. Fondation de cette ville. 132
Ancienne ville, nommée *Tauroentum*, confondue mal-à-propos avec Toulon. 133
Teinturerie anciennement établie dans cette ville. Sieges qu'elle a ſoutenus. 134
Diviſion de Toulon en *quartier vieux* & en *quartier neuf. Rue aux arbres.* 135
Port de Toulon diſtingué auſſi en *port vieux* & en *port neuf.* 136
Arſenal. *ibid* & ſuiv.
Parc de l'artillerie. 137
Fonderie des canons. Boulangerie. Chantier de conſtruction. Maniere de lancer à l'eau un vaiſſeau. 138
Rade de Toulon. Batimens qui l'accompagnent. 140
Fortifications. 142
Evêché de Toulon. Maiſons religieuſes. Hôpitaux. 143

Toulon ravagé par la peste. Sa population. 144
Administration, commerce de Toulon. Joute qu'on appelle *targue*. 145
Littérateurs que Toulon a produits. 146.
Notice sur le chevalier *Paul*. Trait louable de la part de ce chevalier. 147
Territoire de Toulon. 149
Sixfours, bourg dont les habitans sont d'une taille très-haute. 150
Village de *la Seine*. *ibid* & suiv.
La ville d'*Hieres*. Son antiquité, sa situation, son terrain. Sa seigneurie. 151
Rade d'*Hieres*. Iles de ce nom, appellées aussi *Iles d'or*. 155
Golfe de *Grimaud*. *Saint-Tropez*. 158
Fréjus. Sa fondation. Son nom & son enceinte du temps des romains. 159
Quatre grandes portes remarquables qu'elle avoit anciennement. 160
Restes d'un superbe aqueduc, du *panthéon*, d'un grand cirque. 162
Révolutions qu'essuya cette ville. 163 & suiv.
Etablissement du siege épiscopal. 164 & suiv.
La régale n'a point lieu dans ce diocèse. Population de cette ville. 165 & suiv.
Hommes illustres de l'antiquité, nés à Fréjus. 166
Hommes illustres modernes. 167
Terroir de Fréjus. Village de *la Napoule*. Port de *Theoule*. 168
Barjols. Excès de fanatisme commis par les calvinistes dans ce bourg. 169
Cotignac, *Notre-Dame des Graces*. Neuvaine faite à cette église par Anne d'Autriche,

époufe de Louis XIII. Voyage qu'elle y fit avec fes deux fils. 170
Draguignan. Barjemon. Terre de *Trans.* 172

LETTRE CCCLXXXVI.

Suite de la Provence.

Diocese de *Graffe*. Anecdote de l'évêque *Godeau.* 174
Agréable fituation de la ville de *Graffe.* 175
Son terroir. Son commerce. 176
Chofe remarquable à chaque porte de cette ville. 177
Antibes. Sa fondation. Révolutions qu'éprouva cette ville. *ibid* & fuiv.
Seigneurie d'Antibes. Son fiege épifcopal transféré à Graffe. 179
Fortifications d'Antibes. 181
Population. Commerce d'Antibes. 182
Rade du *Gourgean.* *ibid*
Vallauris, joli village. 183
Cagnes. Château où il y a de belles peintures. *ibid*
Village de *Cannes.* 184
Iles de *Lerins.* Abbaye de l'île *Saint-Honorat.* Sieges qu'elle a foutenus. Chofes curieufes qu'elle renferme. *ibid.* & fuiv.
Iles *Sainte-Marguerite.* L'homme au *mafque de fer.* 189
Diocefe de *Vence.* Ville épifcopale. Sa feigneurie. Romieu de Villeneuve. 191
Evêché de Vence. 192

Cathédrale de cette ville. Etendue de ce diocèse. 193
Bourg *Saint-Laurent*. Particularité concernant la riviere du *Var*. *ibid* & suiv.

LETTRE CCCLXXXVI.

Suite de la Provence.

SITUATION, Etendue du diocèse de *Glandeves*. 195
Ville de Glandéves. Position du palais épiscopal. 196
Guilleaumes & *Anot*. Chaussure des paysans. 197
Diocèse de *Senez*. Ville épiscopale. 198
Evêques de Senez. Etendue de ce diocése. 199
Castellane. Sa situation. Son antiquité. *ibid.* & suiv.
Seigneurie de cette petite ville. Histoire abrégée de ses seigneurs. Un *Castellane* troubadour. 200
Colmars. Vallée de *Barcelonnette*. Faucon. 202
Diocèse de *Digne*. Situation de la ville épiscopale. Révolutions qu'elle essuya. 204
Champtercier, territoire de *Trans*. Fontaine d'eau minérale. Etang qui s'est formé d'une maniere remarquable. 206

LETTRE CCCLXXXVIII.

Suite de la Provence.

DIOCESE de *Riez*. Situation, Climat, Environs, Population, Fondation de la ville épiscopale. 209
Restes des monumens, dont les romains l'avoient décorée. 210
Evêques de cette ville. Personnages illustres qui ont occupé ce siege. 211
Anecdote concernant l'abbé *Abeille*. 212
Village de *Gréoulx*. Eaux thermales très-salubres. 213
Moustiers. Chapelle *Notre-Dame de Beauvezer*. Chose remarquable qu'on voit entre les montagnes où elle est située. 214
Diocèse de *Sisteron*. Situation, Climat de la ville épiscopale. 215
Evêques de cette ville. Concurrence entre l'église de Sisteron & celle de Forcalquier. Seigneurie de *Manosque* donnée aux chevaliers de Saint Jean de Jerusalem. 216
Lurs. Evenement funeste arrivé dans ce village. 219
Forcalquier. Son ancien nom. 220
Origine du marquisat de Provence. Comtes de Forcalquier. 221
Plaid fameux tenu à Forcalquier. 224
Village de *Mane*. Fait remarquable. 225
Manosque. Sa situation. Trait de vertu d'une jeune fille. 226

Petite ville de *Pertuis*. 227
Diocèse d'*Apt*. Ville Episcopale ; son antiquité. Origine de son nom. 228
Séjour de l'Empereur Adrien dans Apt. Mort & épitaphe de son cheval favori. 229
Révolutions qu'essuya cette ville. 230
Evêques d'Apt. Corps de Sainte-Anne trouvé dans cette ville. 231
Eglise des Cordeliers. 232
Commerce de la ville d'Apt. Hommes célébres. 233
Village de *Goult*. Verrerie protégée par le Roi René. 234
Village de *Roussillon*. Action de même nature que celle de *Faiel* ; mais plus atroce encore par ses circonstances. 235
Duché de *Villars*. Bourg de *Simiane*. Rotonde digne d'être remarquée. 238
Petite ville de *Saignon*. Rocher fameux. 239

LETTRE CCCLXXXIX.

SUITE DE LA PROVENCE.

GRIGNAN, baronnie très-noble & très-ancienne. 240
Maison d'Adhémar. Premiers seigneurs de cette ville. 241
Terre de Grignan, érigée en comté. 243
Château de Grignan. 244
Montdragon, principauté. 245
Tarascon. Sa situation. ibid.

Etymologie du nom de *Tarascon*. Fable d'un énorme dragon, nommé *la Tarasque*. 246
Eglise collégiale. Beautés qu'elle renferme. 247
Château bâti par le Roi René. 248
Tournois remarquable, célébré à Tarascon. *ibid & suiv.*
Hommes célebres. Anecdote sur l'un d'entr'eux. 249 *& suiv.*
Saint-Remi. Son ancien nom. 251
Traces d'antiquités. Mausolée. *ibid & suiv.*
Arc de triomphe. 253
Orgon; Barbentane, Château-Renard, Noves, Aiguieres. 254

LETTRE CCCXC.

SUITE DE LA PROVENCE.

VALLÉE de *Sault*. Sa situation. 255
Chef-lieu de cette vallée. Sa population. Origine de son nom. Son territoire. *ibid & suiv.*
Fauxbourg appellé *la Loge*. Eaux minérales. 256
Histoire de ce petit pays, & de la maison d'*Agoult*. 257
Plusieurs seigneurs de cette maison, célebres dans les lettres & dans les sciences. 260
Maison de *Simiane*, branche de celle d'Agoult. 261
Maison de *Pontevez*, autre branche de cette même maison. 262
Epithétes données par le roi René à plusieurs maisons illustres de Provence. *ibid & suiv.*

Maison de *Blacas*. Anecdotes qui lui sont glorieuses. 263
Armes de cette maison. Origine chimérique des comtes de Baux. Observation à ce sujet. 264
Maison de *Boniface*. Elle prétend avoir donné son nom à la ville de Boniface dans l'isle de Corse. 264
Maison de *Bouliers*. Maison de *Boucicaut*. Titre remarquable de cette maison. 265
Maison des *Coriolis*. Maison de *Jarente*. 266
Maison de *Porcelets*. 267
Fable concernant une dame de cette famille. Anecdote glorieuse à un des chevaliers de ce nom. 268
Maisons illustres, dont l'origine est étrangere. 270
Maison d'*Arcussia*. Maison de *Baschi*. 271
Maison de *Brancas*. *ibid & suiv.*
Maison de *Doria*. L'un d'eux Troubadour célebre. 272
Maison de *Grillo*. Maison de *Grimaldi*. 274
Maison de *Riqueti*. 275
Maison de *Vintimille*. 277
Réflexion au sujet des détails précédens. 279
Langue *Provençale*. Son origine. Langue *Romance*, divisée en langue d'*Oui*, & en langue d'*Oc*. Erreur de plusieurs auteurs modernes concernant la langue provençale & les troubadours. *ibid & suiv.*

LETTRE CCCXCI.

L'Etat d'Avignon.

Cet état possédé par le pape. Sa situation. 285
Ancienneté d'Avignon. Rocher de *Dons*. Origine du nom de cette ville. 286
Restes d'antiquité. Fameux boucliers trouvés, l'un dans le Rhône, l'autre en Dauphiné. 287
Révolutions qu'essuya la ville d'Avignon. 289
Résidence des Papes dans cette ville. 291
Evêques de cette ville. Etablissement d'un Archevêché. Privilèges accordés aux Chanoines. 292
Murailles d'Avignon. Sa situation. Ses dehors. 294
Tradition curieuse sur la construction d'un pont près de cette ville. 295
Intérieur d'Avignon. Nombre des principaux édifices. 298
Le *Grand-Palais*, & autres. 299
Choses remarquables dans l'église Cathédrale. 301
Tableaux à voir dans celle de *Saint-Agricole*. 302
Eglise des Dominicains. Tombeau de la belle Laure dans celle des Cordeliers. 303
Mausolée de l'anti-Pape Clément VII, & du

Bienheureux Pierre de Luxembourg. Tableau curieux. Bibliothéque de ce Couvent. 304
Tombeau d'Alain-Chartier dans l'église des Antonins. Anecdote. 306
Autres églises. 307
Hôpitaux d'Avignon. *Mont-de-Piété.* *ibid & s.*
Compagnies de Pénitens. Anecdote concernant Henri III, & le Cardinal de Lorraine 308
Cloche d'argent. Nombre des Ecclésiastiques. Revenu du Clergé. 309
Inquisition. Juiverie. *ibid & suiv.*
Pouvoir & autorité du Légat & du Vice-Légat d'Avignon. 310
Viguerie. Police & garde de la ville. 313 *& suiv.*
Doutes si la cession d'Avignon, en faveur du Pape a pu avoir lieu. 315
Privileges de l'Université d'Avignon. 317
Hommes illustres de cette ville. 318
Commerce. Manufactures. Imprimeries. 319
Climat. 320
Paroisses de l'état d'Avignon. Terroir de *Morieres.* Fontaine sulphureuse. 321
Propriété du Rhône, appartenant au Roi de France. *ibid & suiv.*

LETTRE CCCXCII.

Le Comtat-Venaissin.

D'ou le *Comtat-Venaissin* tire son nom. Sa situation. Révolutions qu'il essuya. 323

Description générale de ce pays. 325
Partie montagneuse. Disette de bois. 326
Commerce. Insuffisance des grains. 327
Recteur du Comtat. *Judicatures.* 328
Administration des villes. 329
Impôts. Places fortes. 330
Etats du Comtat. Plusieurs sortes d'Assemblées. Population. 331
La ville de *Carpentras*. Révolution qu'elle a essuyées. Conclave qui s'y est tenu. Incendie considérable. Siéges qu'elle a soutenus. 332
Résidence du *Recteur* dans cette ville. Chambre Apostolique. 335
Murailles. Portes. Cours. 336
Places. Fontaines. Marché. 337
Palais épiscopal. Bibliothéque publique. 338
Evêques de Carpentras. *ibid & suiv.*
Eglises. Privilége qu'ont les Pénitens noirs. 339
Population. Synagogue. Notice sur un Juif savant. 340
Territoire de Carpentras. 342
Venasque. Pernes. 343
Caromb. Choses remarquables. 344
Mont-Ventoux. 346
Pont-de-Sorgues. Sa seigneurie. 347
Monastere de *Gentilly.* 348
Terre & seigneurie de *Beaumes.* *ibid & suiv.*
La ville de *Vaison.* Son histoire. 350
Malaucenne. Choses remarquables. 351
Valréas. Patrie du Carme *Pierre-de-St-Louis.* 352
Piolenc. Choses remarquables. 353

LETTRE CCCXCIII.

Suite du Comtat-Venaissin.

Diocèse de *Cavaillon*. Ville épiscopale. Sa fondation. Anciens monumens qui y ont été découverts. Révolutions qu'elle a essuyées. 355
Etablissement du siége épiscopal de cette ville. 357
Population. Synagogue. Intérieur & environs de Cavaillon. 358
Tremblement de terre. 359
Cabrieres & *Merindol*. Chartreuse fameuse. 360
Bourg de *Saumane*. 361
L'Ile. Son histoire. *ibid & suiv.*
Seigneurie. Droits & commerce de cette ville. 363
Environs & climat. 364
Fontaine de *Vaucluse*. Propriété de ses eaux. 365
Village de *Vaucluse*. 367
Notice concernant *Petrarque* & la belle *Laure*. *ibid & suiv.*
Dames & Chevaliers de la seconde cour d'amour. 371
Familles illustres d'Avignon, & du Comtat. Maison de *Crillon*. 372

Maison de *Cambis*, de *Laurent*, de *Lauris*, de *Hortia*. 373
Maison de *Gallan*, de *Lopès*, de *Beauchamps*, de *Perruzi*. 374
Maisons de *Sade*, de *Caumont*, d'*Aulan*, d'*Albert*. 375 *& suiv.*

LETTRE CCCXCIV.

Principauté d'Orange.

Situation, climat, productions de la principauté d'Orange. 377
Ville d'Orange. Son ancienneté. 378
Restes d'un grand & beau cirque. 379
Arenes. Aqueduc. Thermes ou bains publics. 380
Arc triomphal. Capitole. *ibid & suiv.*
Premiers princes d'Orange. *Guillaume au Cornet*, ou *au Court nez*. 382
Principauté d'Orange, divisée par moitié. 383
Seconde branche des princes d'Orange. *ib. & s.*
Principauté d'Orange dans la maison de Châlons, & dans celle de Nassau. 385
Louis XIV s'en empare. 387
Siége épiscopal d'Orange. Population. Commerce. 388
District de la ville d'Orange. 389

Fin de la table du Tome XXX.

APPROBATION.

J'AI lu par ordre de Monseigneur le Garde-des-Seaux, un Ouvrage intitulé : *le Voyageur François, par M. D****; je n'y ai rien trouvé qui puisse en empêcher l'impression. A Paris, ce 11 Janvier 1789.

MENTELLE.

PRIVILÉGE.

LOUIS, PAR LA GRACE DE DIEU, ROI DE FRANCE ET DE NAVARRE : A nos amés & féaux Conseillers, les Gens tenant nos Cours de Parlement, Maîtres des Requêtes ordinaires de notre Hôtel, Grand-Conseil, Prévôt de Paris, Baillis, Sénéchaux, leurs Lieutenans Civils, & autres nos Justiciers qu'il appartiendra, SALUT. Notre amé le sieur LAPORTE, Imprimeur-Libraire à Paris, Nous a fait exposer qu'il désireroit faire imprimer & donner au Public une nouvelle édition revue & augmentée, du *Voyageur François, par feu M. l'Abbé DELAPORTE*; s'il Nous plaisoit lui accorder nos Lettres de Privilege à ce nécessaires. A CES CAUSES, voulant favorablement traiter l'Exposant; Nous lui avons permis & permettons par ces présentes, de faire imprimer ledit Ouvrage autant de fois que bon lui semblera, & de le vendre, faire vendre & débiter par tout notre Royaume, pendant le temps de dix années consécutives, à compter de la date des Présentes. Faisons défenses à tous Imprimeurs, Libraires, & autres personnes de quelque qualité & condition qu'elles soient, d'en introduire d'impression étrangere dans aucun lieu de notre obéissance ; comme aussi d'imprimer ou faire imprimer, vendre, faire vendre, débiter, ni contrefaire ledit Ouvrage, sous quelque prétexte que ce puisse être, sans la permission expresse & par écrit dudit Exposant, ses hoirs ou ayans cause, à peine de saisie & confiscation des Exemplaires contrefaits, de six mille livres d'amende qui ne pourra être modérée, pour la première fois, de pareille amende & de déchéance d'état en cas de récidive, & de tous dépens, dommages & intérêts, conformément à l'Arrêt du Conseil du 30 Août 1777, concernant les Contrefaçons. A la charge que ces Présentes seront enregistrées tout au long sur le Régistre de la Communauté des Imprimeurs & Libraires de Paris, dans trois mois de la date d'icelles; que l'impression dudit Ouvrage sera faite dans notre Royaume, & non ailleurs, en bon papier & beaux caractères, conformément aux Réglemens de la Librairie, à peine de déchéance du présent Privilège; qu'avant de l'exposer en vente, le Manuscrit qui aura servi de copie à l'impression dudit Ouvrage, sera remis dans le même état où l'Approbation y aura été donnée, ès mains de notre très cher & féal Chevalier, Garde des Sceaux de France, le Sieur DE BARANTIN, Commandeur de nos Ordres; qu'il en sera ensuite remis deux Exemplaires dans notre Bibliotheque publique, un dans celle de notre Château du Louvre, un dans celle de notre très-cher & féal Chevalier, Chancelier de France, le Sieur DE MAUPEOU, & un dans celle dudit Sieur DE BARANTIN; le tout à peine de nullité des Présentes. Du contenu desquelles vous mandons & enjoignons de faire jouir ledit Exposant & ses hoirs, pleinement & paisiblement, sans souffrir qu'il leur soit fait aucun trouble ou empêchement. Voulons que la copie des Présentes, qui sera imprimée tout au long au commencement ou à la fin dudit Ouvrage, soit tenue pour duement signifiée, & qu'aux Copies collationnées par l'un de nos amés & féaux Conseillers-Secrétaires, foi soit ajoutée comme à l'original. COMMANDONS au premier notre Huissier ou Sergent sur ce requis, de faire pour l'exécution d'icelles tous Actes requis & nécessaires, sans demander autre permission, & nonobstant clameur de Haro, Charte Normande, & Lettres à ce contraires: CAR tel est notre plaisir. DONNÉ à Versailles le quatorzieme jour du mois de Mars, l'an de grace mil sept cent quatre-vingt-sept, & de notre Regne le treizieme.

Par le Roi en son Conseil.

Signé, LE BEGUE.

Registré sur le Registre XXIII de la Chambre Royale & Syndicale des Libraires & Imprimeurs de Paris, N°. 1103. fol. 203. conformément aux dispositions énoncées dans le présent Privilège; & à la charge de remettre à ladite Chambre les neuf Exemplaires prescrits par l'Arrêt du Conseil du 16 Avril 1785.

A Paris, le 7 Avril [illegible]. KNAPEN, *Syndic.*

De l'Imprimerie de LAPORTE, rue des Noyers.

www.ingramcontent.com/pod-product-compliance
Lightning Source LLC
LaVergne TN
LVHW020600110826
845149LV00002B/325

* 9 7 8 2 0 1 9 1 5 6 2 8 2 *